チキンラーメンの女房

実録 安藤仁子

安藤百福発明記念館 編

中央公論新社

2002年、勲二等旭日重光章を受けた百福と

姉・晃江が描いた幼少期の仁子

仁子が晩年つけていた日記帳

2017年に見つかった仁子の手帳

夫婦でよくお寺参り。長野県・善光寺で

百福がいつも食べていた
仁子特製ポンサラダ（朝食中央）

キャベツ、ニンジン、ピーマン、ワカメを千切りにして盛り、電子レンジで温め、仁子特製ドレッシング（マヨネーズ、酢、お酒を混ぜ、塩、コショウで味を調え、和ガラシを加える）をかける。百福は電子レンジで温めることを「ポンしてくれ」と言ったのでこの名前がついたという

仁子が毎日作った百福の食事。朝食（左）と夕食

百福と腕を組む。北海道大学にて

「主人の健康は私が支えます」

桑島さん（左）とは生涯のお友達でした

日清食品50周年記念式典で、孫・徳隆と

仲良し三人組。左から仁子、馬淵さん、桑島さん

母・須磨（後列）と三姉妹。左から長女・晃江、仁子、次女・澪子

母・須磨

父・重信

兵庫県上郡の疎開先、井水家

田川工場にて、創業時の社員たちと

仁子１歳

チキンラーメンの女房

実録 安藤仁子《まさこ》

目次

チキンラーメンの女房

実録 安藤仁子《まさこ》

序章

観音さまの仁子さん

仁子は観音信仰が篤かった。
西国札所26番、法華山一乗寺にて

仁子は長い旅をしました。

少女時代は食べることもままならない貧しい生活に追い詰められました。太平洋戦争をはさみ、安藤百福に嫁いでからも、戦後の混乱に巻き込まれ思いもかけない多事多難な人生をすごしました。

苦しい日々には、持ち前の負けん気で「なにくそ」と乗り越えていきました。周りの人々はその姿を「仁子のくそ教」と名づけました。

どんな困った状況に追い込まれても、いつも、

「クジラのようにすべてを呑み込む。でないと先に進めない」

と、前向きな心で受け止めました。

「クジラの仁子」の異名がつきました。

半月の眉、細長の目、ふくよかな面立ちは観音様にそっくりでした。

観音菩薩は慈悲の心にあふれ、人々を悲しみや苦しみから救ってくれる仏さまです。仁子は信仰心が深く、いつも自分のことよりも、人のことを気にかけました。

人にやさしく尽くし、細かい心づかいを忘れず、多くの人から「観音さまの仁子さん」と呼ばれて慕われたのです。

仁子は少女期の苦労をあまり語らず、結婚前の人生はほとんど謎とされていました。誰もが「きっと、辛いことが多くて、人に言いたくなかったのだろう」と思い込んでいました。

ところが、亡くなった後、仁子の寝室から一冊の手帳が出てきました。それを娘の明美が遺品として大切にとっておいたのです。２００７年の手帳で、その年は、ちょうど六十二年間連れ添った百福が亡くなった年でした。仁子は当時九十歳で、病床に伏していました。何か心に期すものがあったのでしょう。戦前、生活が困窮し、両親や家族とともに大阪市内を転々と移り住んだ少女時代の思い出が書きつづられていたのです。

「お米がない」と母から電話。

女学校の月謝、どうしても払えず。

狭い長屋、ドブ池の横に住む。


当時の苦労がすみずみに滲んでいて涙を誘います。

百福と結婚した後、いったん暮らし向きはよくなるかに見えましたが、そうはいきませんでした。百福の身の上に、次から次と不運が襲います。無実の罪で投獄、度重なる事業の失敗、そして倒産。とうとう無一文になってしまうのです。しかし、そこから二人は立ち上がります。

仁子は百福を信じ、共に生き、共に闘いました。そして、ついに「世界の食文化を変えた世紀の大発明」をなしとげることになるのです。

仁子の残した手帳の最後には、喜びをかみしめるように、こう書かれていました。

「主人が命をかけた日清食品が成功した」

第一章

家族

～両親と三人姉妹

仲良し三姉妹。
晃江（左）、仁子（中央・１歳）、濡子（右）

安藤仁子は1917（大正6）年8月16日、大阪市北区富田町（現在の西天満三・五丁目の一部）の商家に生まれました。

父・重信は福島県の出身で、二本松市にある「二本松神社」の宮司を継ぐ家柄です。神主の仕事は世襲制で代々長男が後を継ぎました。次男だった重信は早稲田大学を卒業後、宗像家に婿養子に出されます。ところが、まかされた事業がうまくいかず、散財が過ぎたため、離縁されてしまいます。その後、再起をかけて大阪に出てきて、新しい事業を始めます。

母・須磨は旧鳥取藩士の家に生まれました。家を継ぐために婿養子を迎えますが、離縁します。その後、故郷の鳥取を離れ、学校の先生になるという夢を捨てきれず、母・みちのを伴って大阪に出てきます。

そこで二人は出会い、結婚。

やがて、娘が三人生まれました。

長女の晃江《てるえ》は仁子より九歳上。色白の美人でやさしく華やかな性格だったため、男の人にたいへん人気がありました。

次女の澪子《みおこ》は仁子より七歳上。姉とは違って控えめな性格でしたが、何事にもていねいで、しっかりした女性でした。

仁子は歳の離れた末っ子だったため、家族から可愛がられて育ちました。甘えっ子のところがありましたが、人には思いやりの深い娘でした。

三人娘はそれぞれ個性は違いますが、仲のいい姉妹として育ったのです。

仁子は北区富田町で幼児期を過ごし、その後、中央区玉造、阿倍野区中道、淀川区十三南之町、東淀川区中津南通などに移り住みます。裕福だったのは玉造に住んだ頃までで、それ以後は、日に日に生活が苦しくなり、両親、姉妹、祖母とともに追われるように転居を繰り返すことになります。

仁子が生まれた当時の日本は、第一次世界大戦（１９１４～１９１８）のさ中でした。アメリカやイギリスとともに連合国側について参戦した日本は、本土が戦争の圏外にあったため輸出が急増し、造船や重工業など財閥系の企業は好況に沸いていました。しかし、物価は上昇するが賃金は上がらず、一般大衆の生活は困窮を極めていたのです。1916（大正5）年に経済学者の河上肇が大阪朝日新聞に連載した「貧乏物語」は翌年に出版されるとすぐにベストセラーになりました。「働けど働けどわが暮らし楽にならず、じっと手を見る」という石川啄木の言葉を引用し、格差社会と貧困の問題を論じたのです。

1918（大正7）年の夏、米価の高騰に耐えきれず、富山の漁民の主婦たちが始めた「米騒動」が全国に広がりました。小学校に入学したばかりの学童が家計を支えるために働きました。朝食抜きで登校する、いわゆる欠食児童が増えたのもこの頃です。

仁子の生活も同じでした。育ち盛りなのに食べるものがないという苦しみを味わいます。苦労に輪をかけたのが、父・重信の経営していた会社の倒産でした。一時期、収入の道を絶たれた家族を支えるため、仁子は女学校を休学して働きに出ます。自分のことより人のため、家族のためにという性格は、幼少時から仁子に備わっていた「徳」のようなものかもしれません。

しかし、どんなに貧しくても、娘三人いれば家の中には明るい笑いが絶えません。時代の雰囲気は「大正ロマン」です。十九世紀ヨーロッパのロマン主義の影響を受けて、当時の人々の心には、個人の解放や新しい時代への理想があふれていました。重信も須磨も故郷を離れ、それぞれに夢を持ち、自分の人生を切り開こうとして大阪に出てきました。仁子はそんな両親の姿を見て、おおらかに育ちました。幼少期には、ベレー帽に編み上げの靴を履いて、気取った姿の写真が残っています。いつもオシャレなモダンガールだったのです。

父・重信は大阪で人力車（今のタクシー）の会社を経営しました。

大阪で人々を運んだ乗り物は、人力車、巡航船、市電、地下鉄の順番で登場しました。人力車は１８７０（明治３）年に走り始め、便利で高級な乗り物として台数が増え、１９０２（明治35）年には二万台にも達したそうです。しかしその後、巡航船が市内の川を運行し始めると、人力車はしだいにすたれていきます。

重信の会社は当時、多くの車夫を抱え、利用客も多く成功します。これに気を良くしたのか、政治家を志したのです。しかも、貴族院の議員に出馬するため、男爵の爵位を手に入れようと奔走します。相当なお金をつぎ込みましたが、結果はうまくいきませんでした。

重信はそんな野心家でありながら、一方ではロマンチストでした。ある時、京都蹴上の発電所を見学して感動し、インスピレーションを手に入れます。蹴上発電所は琵琶湖から京都へ水を引く「琵琶湖疏水」を利用した水路式水力発電所です。日本初の事業用水力発電所として、1891(明治24)年に運転を開始し、運転開始から百二十七年たった今なお、現役の発電所として電気を送り続けています。重信は疏水の水が電気に変わるのを見て、これからは電気の時代、水力発電の時代だと予感します。そして、日本海と琵琶湖を水路でつなぎ、大きなダムを作るという構想にとりつかれたのです。

夢を実現するため、まず岡山県の高梁川にダムを作る実験的な計画を立ち上げます。ダムの設計のために何度も高梁川を訪れ、貯水湖の位置を決め、水量などを計算し、現場で測量に当たりました。重信が設計や土木工事の知識をいつ、どこで手に入れたのか、あるいは誰か専門家に依頼したのかは不明です。仁子が覚えているのは、父が高梁川に行った帰りに、よくウルカ（アユの塩辛）を土産に持ってきてくれたことでした。ほかに、岡山名産のママカリ（サッパの酢漬け）もありました。こうした珍味を食べるのが、仁子の何よりの楽しみでした。仁子はお酒が飲めませんでしたが、酒の肴《サカナ》に詳しいのはこのためです。

重信の計画は、旦那衆の道楽としても少し度が過ぎるように思えます。しかし当時は、そんな夢のような事業にお金をつぎ込めるほど、相当な資産家でもあったのです。

いちばん裕福だった頃に住んでいた玉造は大阪城の南に位置し、昔、豊臣家の大名屋敷が並んでいた高級住宅地です。たいへん羽振りが良く、家には書生が二人住み込み、重信の誕生日になると芸者が二人来て大賑わいだったのです。隣は財閥の鴻池家のお屋敷でした。仁子は鴻池の男の子と一緒によく遊びました。遊び相手はなぜか男の子ばかりでした。

鴻池家の十一代善右衛門は、１９１１（明治44）年、商家でありながら男爵に叙せられます。貴族でなくても勲功のある人や高額納税者を勅選議員とする制度があったからです。重信は、ひょっとしてこれが羨ましくて自分も爵位を手に入れようとしたのかもしれません。しかし思いは遂げられず、やがて盛況だった人力車の事業も行き詰まり、ダム建設の夢も、文字通り水泡に帰してしまうのです。

母・須磨の実家は、代々、鳥取藩主池田家に仕えた藩士でした。参勤交代では殿様のお供をしてたびたび江戸に上りました。「私は武士の娘です」というのが須磨の口ぐせで、家族はいつも「どうせ足軽でしょ」と笑いながら冷やかすのでした。

重信には一時期、東京にお妾《めかけ》さんがいました。須磨は重信とお妾さんの二人のために二晩寝ないで白大島の着物を縫い上げ、上京する重信に手渡します。重信が持ち帰った東京土産はその場で捨てました。須磨は明治生まれの女らしく、人前では決して弱さを見せない気丈な人でした。なにが起こっても屏風のように落ち着いて、でんと構えていたそうです。選挙に行く時は必ず正装に身を正しました。晩年になってからも、化粧し、紋付羽織を着て、白いハンカチを手に持ち、杖をついて投票所に行きました。

須磨は仁子が百福と結婚した後も居を共にして、なにかと苦労の多かった仁子を精神的に支えます。須磨の教えにはいろいろありましたが、なかでも、繰り返し言っていたのが次の二つの言葉です。

「言いたいことがあったら一晩寝てから、明日言いなさい」

「クジラのように物事をすべて呑み込んでしまいなさい」

と、我慢と忍耐を強く仁子にさとしました。武士道に通じるような須磨の教えは、いつしかそれがそのまま、仁子の口ぐせになったのです。

須磨は英語が堪能でした。三人の娘たちは外交官に嫁がせたかったようです。しかし思うようにはいきません。三人はそれぞれの伴侶を得て、三者三様、違う人生を歩むことになります。

長女・晃江は、はっと目を引くような派手やかな娘でした。子どもの頃は裕福だったので、女学校（樟蔭高等女学校＝現在の東大阪市菱屋西）に通うのに車夫の引く人力車に乗って登校しました。学校の記念写真には真っ白な毛皮のコートを着て写っています。お菓子も当時としてはぜいたくなチョコレートやクッキーが好きでした。いかにも良家のお嬢さんだったのです。たくさんの男性から交際や、結婚の申し込みがありました。ある男から天王寺公園の散歩に呼び出された時は、須磨はあやしんで、仁子を一緒に連れて行くように命じました。付け人の役を仰せつかった仁子はまだ小学校二年生でしたが、須磨に言われた通り、晃江の手をしっかり握って離しませんでした。

晃江は絵が上手でした。阿倍野区中道に住んでいた頃、家の向かいに住んでいた美術学校の先生が晃江の絵を見て感心し、家業が傾きかけていることを知っていて授業料なしで入学させてくれました。しかも校長先生から直接日本画を習うことができました。幼少時の仁子を描いた掛け軸が、今も大阪府池田市の安藤家に残っています。歳の離れた妹がよほど可愛かったのでしょう。人形のように可愛い仁子がブランコに乗っている絵です。

晃江が成人する頃にはとうとう生活が行き詰まり、絵を勉強する余裕などなくなってしまいます。そこで、宝石や美術工芸品の店「尚美堂」（大阪市中央区北浜）に働きに出ます。仁子の残した手帳（以下手帳）にはこんなメモが残っていました。

「晃江姉は美人でやさしいから男の人から好かれる。尚美堂にいる時も、男性二人が家に遊びに来た。よくもあの汚い家に夕食を食べに来たものだ。私が女学校に入学した時には二人からお祝いに腕時計をもらった。生まれて初めての腕時計でうれしかったが、一度もせずに質屋へ」

また、近所の歯科医が晃江に思いを寄せ、いつも白い馬にまたがって家を訪れました。白馬の騎士を気取っていたのでしょう。プレゼント攻めにして求婚しますが、晃江は気に入らず断ります。そして、細身で長身の久保健治という男性と知り合い結婚。会社員だった久保は給料が安く、すぐに貧乏生活に追い込まれ、もともと病弱だった晃江は胸を病みます。当時、不治の病とされていた肺結核でした。晃江は結婚後、生活のために、いったんやめていた尚美堂でまた働くようになります。しかし、無理がたたって病状はますます悪化していきました。

仁子は当時、金蘭会高等女学校（大阪市北区大淀南）に通学していました。学校の帰り道や、時には学校を休んで看病に通いました。しかし、晃江は二十七歳の若さで亡くなります。

「薬も、休養もなく、結婚三年目に昇天す。本当にあわれな姉。私がもっと大きければ少しでも助けられたのに、何もできずじっと見ているだけ。いまも胸が痛む」（手帳）と、仁子はいまだに自分を責めているのです。

晃江に求婚して思いを果たせなかった歯科医は、「私のところに嫁いでくれていたら、もっと長生きさせてあげたのに」と、たいそう悔しがったそうです。


次女の澪子は晃江と違って控えめな性格で、結婚してからも服装は大島の和服など地味を好んだといいます。父の重信は時々、二人の姉妹を連れて二本松の実家に帰ることがありました。その時だけは澪子も、田舎ではとても見られない派手な洋服に身を包み、姉妹お揃いの帽子をかぶってマントをはおり、集まった親戚の人々を驚かせました。大阪に出て成功した重信が親戚に精いっぱいの見栄を張ったようです。澪子はそれが嫌でしょうがなかったのです。

姉の晃江が加入していた絵の愛好家グループに有元一雄という画家がいて、ある時、観音様を描くのに手指のきれいな女性を探していました。晃江は妹の澪子をモデルに紹介します。

父の重信は「裸のモデルはだめだが、手だけならいい」と許しました。いまでいう「手タレ」でした。これが縁で、澪子は姉と同じ樟蔭高等女学校を卒業して間もなく、十九歳の若さで有元に嫁ぎます。料理も掃除も、なにをさせてもていねいに仕上げる、働き者の女性でした。

一雄は日本画家で、京都の醍醐に住んでいました。もっぱら和鳥を描きたくて家に集め、庭にはシラサギなどを飼っていました。戦前は絵の愛好家がいて、日本画も少しは売れましたが、終戦後はさっぱり売れません。日展にも入選できず、しかも画商から「こういう絵を描いてくれ」と注文されて描くのが嫌いで、自分の絵は決して画商には売りませんでした。だからいつも貧乏でした。

二人の子どもたちは男五人、女三人の合計八人。夫婦を入れて十人の大家族です。食べていくのも精いっぱいでした。澪子はご近所のお手伝いをしながら、カボチャなどの野菜を分けてもらって生活をしのぎました。お米がないという時は、仁子が何度も自分の着物を質に入れてお金を工面し、一雄の描いた売れない絵を、時々、買い取ることもありました。仁子自身の生活もままならないのに、精いっぱい姉夫婦の生活を支えたのです。質屋に入っていたたくさんの着物は、仁子が結婚すると同時に、百福が三千六百円（当時）ですべて引き出しました。

仁子は、澪子の長女の冨巨代《ふくよ》と次女の規矩《きく》に心を許し、いろいろと面倒を見ました。

冨巨代は高校を卒業すると同時に、大阪府池田市の安藤家にお手伝いと花嫁修業を兼ねて入ります。お茶、和裁、洋裁を習いました。本当は乳児の世話をする保母になりたかったのですが、須磨に「職を持ったら縁談が遠のく」と叱られたそうです。結婚後はしばらく池田を離れていましたが、仁子の晩年にはまたお手伝いとして奉公し、仁子の最期を看取りました。冨巨代は長女でしっかり者だったので、仁子が困った時には「これ、どうしたらいい？」と逆に頼りにされることもあったそうです。

「叔母（仁子）は若い時も歳をとってからも甘え上手で、なぜか周りがほうっておけない性格だったのです」と冨巨代は回想します。

規矩は洋裁の得意な器用な娘でした。高校卒業後にやはり姉と同じように安藤家に住み込み、花嫁修業をしました。仁子が若い頃着ていた洋服のセンスにあこがれて、京都のファッションスクールに通いました。

「スーツの色はサンドベージュ（砂色）、襟やポケットが黒のベッチンでトリミング、その下にフレアースカート」と、子どもの頃に見た仁子の服の素材やデザインまで、はっきりと覚えています。

姉妹は二人とも、池田の安藤家から嫁入り支度をして嫁いでいきました。

規矩は「私の家には何にもなくて、百福さんの家にはなんでもありました。子どもだったから、別に悲しいとか、うらやましいとかという感情はなく、そういうものだと思っていました」と、当時を振り返ります。

第二章

幼少期

～女学校時代の苦しい日々

仁子6歳の頃。おめかしをして

玉造には当時、ルーミナ教会という立派な幼稚園がありました。

ポプラの並木道を五人の修道女が黙々と歩いています。そんなミレーの絵のような風景を、仁子は晩年まで忘れませんでした。それには理由があります。あこがれの幼稚園で、入園を楽しみにしていたのです。ところが、なぜか入園式が過ぎても行けず、ずっと日がたってからようやく父と一緒に訪れ、入園できたと思ったのもつかの間、引っ越すことになったのです。

「その日は、赤い毛糸で編んだお弁当箱に、玉子焼きの下に白米のごはん、教会でお昼に食べました。でも、私の幼稚園は一日だけ。どうしたのか、中道に引っ越したから……」（手帳）

重信の事業がおかしくなり、急転直下、家族は窮乏の危機に見舞われたのです。玉造の裕福な生活は終わりました。阿倍野区中道の小さな長屋に引っ越します。タンスや家具は家に入りきらず、前の道に所せましと置かれたままでした。夜遅くに古道具屋が買い取りに来ることになっていたのですが、仁子には訳が分からず、家具の周りを走り回って遊んでいました。

長屋の横には大きいドブ池があり、水が少なくなると臭いました。一週間に一回くらい、夜遅く、中道の停留所の前の風呂屋に須磨と一緒に入りに行きました。今まで経験したことのない生活が始まったのです。

仁子、七歳。

家のすぐ近くにあった大阪市立丸山小学校に入学します。入学式の日、晃江姉に連れられて学校へ行きますが、正門を入るとすぐに、晃江は仁子の手を引いて家に帰ってしまいます。仁子には何が起こっているのかさっぱり分かりません。幼稚園に続いて小学一年生の入学式にも出席できなかったのです。しかし翌日、父に連れられて学校に行き、なんとか無事に入学手続きができました。どうやら晃江は、式場で樟蔭高等女学校時代の友達の姿を見つけ、いたたまれなくなって帰宅したのです。落ちぶれたと思われるのが嫌だったのでしょう。

小学生の仁子はよく遊び、よく勉強しました。

近所の阿倍野高等女学校近くにため池があり、友達とメダカやエビを捕りました。

天覧書道展に学校応募で出品することになり、須磨は好物の梅を断って、仁子の入選を祈願しました。その甲斐あって、晴れて入選。須磨は言い習わし通り、その後、生涯にわたり梅を口にすることはなく、「武士の娘」の意地を見せたのです。

小学校四年生の時、家族は全員、淀川沿いに新築されたばかりの北野中学（当時）の近く、淀川区十三南之町というところに引っ越します。

「転校した小学校は小さく、周りは馬小屋のような家ばかり。父の事業は失敗。淀川で毎日シジミ採りをする」（手帳）

家賃が払えず、「家主が毎晩酔っ払い、大きい声で怒鳴るのがいや。家主に謝るのはいつも母」（手帳）。

日増しに生活が追い詰められていく様子が分かります。

でもうれしいこともありました。一つは、澪子姉が京都の画家、有元の元に嫁いだことです。また、仁子の家の近くにキリスト教会・古谷英語塾があって、そこで勉強したかった英語を学べました。須磨は進んだ考えの持ち主で、これからの女性には英語が必要と考えて、仁子を通わせたのです。この時に培った英語力がのちの仁子の人生を変えていくことになります。仁子は小学校を卒業し、金蘭会高等女学校に入学。三度目の正直、生まれて初めて入学式にも出席できたのです。

楽しい女学校の生活が始まりました。体の大きい仁子は水泳の選手になりました。泳ぐことも上手でしたが、高飛び込みが得意でした。学校では、当時、アメリカのミュージカル映画で大流行したチャールストンを皆の前で踊って見せるような一面も見せました。キング・オブ・ハリウッドと呼ばれた大スター、クラーク・ゲーブルの美貌にあこがれました。

仲のいい友達もできました。桑島貞子と馬淵冨美子です。

そろって大柄な上に、末っ子同士なので気が合いました。三人とも、年をとった母親に育てられたため、大人びたところも共通していたのです。いつも一緒に腕を組んで歩いていたので「仲良し三人組」と呼ばれていました。廊下で出会うと、先生の方が小さくなって避けて通ったそうです。

よくやった遊びは〝リンゴの皮むき占い〟でした。切れないように最後まで皮をむき、それを真後ろに投げます。地面に落ちてクルクルと巻いた皮の形がアルファベットの文字に見えます。それが将来の結婚相手のイニシャルだというのです。

三人組はいつも朝のうちにお腹がすいて「早弁」をすませました。

「今日もおかずはチリメンジャコだけでしょ」と桑ちゃんに冷やかされます。

「お陰で骨は丈夫」と仁子はやり返しました。

「わっはっは」と馬淵さんが大笑いします。体だけでなく、声も大きい女の子だったのです。

昼になると、またお腹がすいて、食堂に行ってうどんを食べました。午後になると、学校の近所の店でパンを買ってきて食べました。お陰で三人とも、よく太っていました。

「マーちゃん（仁子）は性格がおおらかで、モノにこだわらない、のんびり屋さんだった」というのが、桑島の回想です。

桑島の母親は厳しい人で、よその子が悪戯をしたら、きつく叱りました。「子どもは社会の子」という信念の持ち主で、友達を家に泊めることを許しませんでしたが、「マーちゃんだけは別」と大目に見てくれました。

一年生、二年生の時の仁子の成績はいつも一番でした。級長も務めました。あまりにすばらしい答案だったため、百点満点の答案に百四点がついたこともありました。先生方にとても可愛がられたのです。

二年生までは須磨が家計をやりくりして、何とか通学できましたが、三年生になると七円の月謝が払えなくなりました。やむなく、仁子は休学し、大阪電話局へ働きに出ます。市外電話を扱う市外課の見習い職員になりました。その間、女学校は一年間休み、また三年生から通い始めたのです。桑島、馬淵の二人はもう上級生になっていましたが、あいかわらず仲良しでした。でも二人とも一年先に卒業してしまったため、卒業記念のアルバムに一緒に写ることはできませんでした。

仁子は女学校に復学してからも、生活を助けるため電話局の仕事を続けます。仕事は夜勤になりました。朝、家から学校へ行き、終わるとその足で電話局へ出勤し、一泊して翌朝そのまま学校へ行きます。

「その間、弁当は四ついるのに二つだけ。チリメンジャコに小さいお醬油。死に物狂いのように、卒業までがんばる」（手帳）

せまい家に重信、須磨、祖母のみちの、仁子の四人で生活していました。

「父は歳を行くし、働く体なく、金なし」

いよいよ、なすすべがなくなります。

しばらくして、鳥取から須磨と一緒に出てきた祖母みちのが八十四歳で亡くなりました。

その翌年、久保家に嫁いでいた晃江姉が、仁子らの看病の甲斐なく、二十七歳という若さで息を引き取ったのです。

ある朝、仁子が電話局の夜勤明けで帰宅すると、家具がすべて外に放り出されていて、家の中に入れないように扉が釘づけされていました。家賃が払えないため、強制立ち退きになってしまったのです。お隣の判事さんが親切な方で、家の中に家具を入れてくれ、その晩は一泊させてもらうことができました。

また引っ越しです。

今度は、十三から淀川を渡り、阪急・中津駅に近い東淀川区中津南通4丁目14（現在の北区）に移り住みます。同居する家族は両親と仁子の三人だけになりました。

「ひどいあばら屋の二階の二間。丸い小さいお膳、高さ一メートルくらいの水屋、大きい古い米びつ、フトン二組。炊事するところなし。七輪一つ洗濯場に置く。まるで映画そのまま。最低の貧乏暮らし」（手帳）

嘆くことはあっても、悲しいという言葉はありません。負けず嫌いの仁子は、何が起こっても「クジラのように」すべてを受け入れます。映画の場面を楽しむような余裕すら感じます。でも、問題は「お腹が減る」ということでした。

「財布に六銭ある。市電に乗って帰ろうか、うどんを食べようか」
と悩むのです。電車賃のない時は、学校から家まで歩いて帰ることもありました。

「わたしの電話局の給料二十四銭で三人生活するが、学校の月謝払えず」

あれほど優秀だった成績がどんどん落ちて行きました。電話局通いが続いたため、英語と数学が分からなくなったのです。英語のT先生と数学のO先生は、仁子が授業に出ていないのを知っていて、わざと質問をします。しかし同級の梅谷（名は不明）という生徒がノートを貸してくれたお陰で、何とかついていくことができました。また、女学校では裁縫の絹本仕立ての授業がありました。仁子は電話局に勤めていたために、縫い上げる時間がありません。この時も梅谷が助けてくれました。

ただし、
「梅谷さんに材料を借りて、縫ってもらって提出した。乙の上だった。本当は、私は器用なのに」

と、残念そうです。

戦前の通信簿は「甲、乙、丙、丁」の四段階評価でした。もし自分が縫っていたら甲の上が取れたのにと言わんばかりに悔しがるのです。

仁子は結局、学校と電話局に通い、つごう六年間をかけて十八歳で女学校を卒業しました。我慢強くおおらかな仁子でも、さすがに胸を揺さぶるものがあったのでしょう。

「成績はどうでもよい。ただただ卒業したかった。卒業式の日、胸がいっぱいで言葉はなかった」と、手帳に書き残しています。

仁子は一番感受性に富んだ少女期に極貧の生活を味わいました。しかし、苦労は無駄にはなりませんでした。それどころか、電話局で一年間見習いをし、三年間夜勤で働き、苦労して手に入れた電話交換手の資格が、のちに夫となる安藤百福との運命の出会いにつながるのです。

第三章

百福との出会い

～戦火の中で結婚式

1945年、百福と仁子、
京都・都ホテルで結婚式

仁子は女学校を卒業すると両親と一緒に、京都・醍醐の有元家に身を寄せました。貧乏画家の有元家の暮らし向きも決して楽ではなかったのですが、大阪十三での極貧の生活にくらべたら、はるかにましでした。京都に着いた翌日、仁子は知り合いに紹介されて、京都市東山区三条の都ホテル（現・ウェスティン都ホテル京都）の常務に会いに行きました。ホテルで働きたいと申し出たのです。当時、電話交換手の資格があって英語の堪能な女性は少なく、その場で入社が決まりました。さっそく翌日から勤務が始まりました。

仁子は「泊まり込みだから、大助かり」と夜勤を喜んでいます。

有元家に世話になっている手前もあり、できるだけ負担をかけたくないという気持ちがあったのでしょう。

電話交換手が勤務する電話室はホテルの二階にありました。関係者以外は立ち入り禁止です。女性の交換手は仁子を含めて五人いました。他には、電気室で働く整備士の男性が一人と、廊下の向かいにある散髪屋のYさんという男性がいるだけです。

「だからロマンスはなし。交換手の仲間がそれぞれ自分の彼氏の話をするのを聞いているだけ」(手帳)

華やかなホテルで働けるという喜びで、年頃の仁子にも多少の期待感があったようですが、裏切られてしまったのです。仁子は異性関係には潔癖で、引っ込み思案なところがありました。実はホテルで働く何人かの男性から思いを寄せられていたのですが、仁子は気が付きません。電気室の整備士はホテルの購買部が仕入れた缶詰などを手に入れてきては、分けてくれるのです。仁子はこれを家に持ち帰り、囲炉裏にくべて温め、須磨に食べさせました。もう一人、ホテルで働く男性が思いを寄せていて、求婚されましたが、気に入らず断りました。その男性は失意の中で自殺を図りましたが、未遂に終わりました。

ホテルには時々、女学校で仲良しだった桑島貞子が遊びに来ました。電話室は立ち入り禁止なので、休憩室で寝転んで話に興じました。桑島は女学校を卒業後、四年間薬剤師の勉強をしました。厳しい母からは「女は働かなくてもよろしい」と猛反対されたそうですが、それでもがんばって資格を取りました。軍医と結婚し、一緒に中国にわたりますが、夫はフィリピンで戦死します。桑島はひとり、大連から日本に引き揚げました。桑島は百歳を超えた今も現役の薬剤師として働いていて、兵庫県内の最高齢薬剤師として表彰されたそうです。若い頃から、働く女性として自立することを目指した桑島と仁子は、それぞれ歩んだ道は違いますが、生涯にわたって親しい友達であり続けたのです。

さて、ホテル勤めの仁子は相変わらず、自分の給料で両親との生活を支えていました。給料日になると、電話室に直接家から電話がかかってきます。「姉（濘子）や母から、お米がないと電話あり、急ぎ帰宅す」とあり、世話になっている有元家も窮状にあったことが分かります。

茶道のお稽古ごとで着物が必要になりましたが、手元にありません。ところが、京都の東大路三条に大変親切な呉服屋さんがあり、「ツケでいいから」と反物を分けてもらいました。仁子は仕事の合間に大急ぎで縫い上げました。たった一着の晴れ着でした。それも一度、お稽古ごとに着たきりで、またもや「姉の生活費のために」入質してお金を作らざるを得なくなってしまうのです。

世の中には、不穏な空気が漂い始めていました。

１９３７（昭和12）年、日中戦争が始まりました。

二年後の１９３９（昭和14）年には、ヨーロッパで第二次世界大戦が勃発しました。戦火が世界中に広がり始めたのです。

そしてついに、１９４１（昭和16）年12月８日、日本軍はハワイの真珠湾を攻撃し、太平洋戦争に突入。

翌年７月27日、父重信が亡くなります。七十二歳でした。

この日から、いよいよ須磨と仁子、女二人の生活が始まるのです。戦時下でさぞ心細かったことと想像できますが、その時、仁子は心に誓いました。

「これからは、母に、食べ物の苦労だけは絶対させない」と。

ある時、仁子の働きぶりがホテルの社長の目に留まりました。電話交換業務での行き届いた対応に感心した社長は、仁子をフロント係に抜擢したのです。立ち入り禁止の閉ざされた電話室から解放され、制服に身を包んだ仁子は、格式のある都ホテルのフロントに立つことになったのです。

そこで、百福と出会います。

引き合わせてくれたのは元陸軍中将の井上安正という人でした。

百福は義理堅く、やさしい仁子に一目ぼれしてしまいます。その時、百福は三十四歳。企業家としては若手でしたが、大阪の実業界では、ちょっと名が通っていました。仁子は仕事に未練があったのか、いったん結婚を断りました。仕事では押しの強い百福も、こと初対面の女性にはシャイなところがありました。知り合いに相談すると「好きなら、攻めて攻めて攻めぬけ」とけしかけられます。百福の思いが通じて、ようやく交際が始まりました。仁子にとって、初めてのロマンスでした。

しかし、戦局はどんどん悪化し、米軍の日本本土への攻撃が激しくなってきます。1945(昭和20)年3月13日、第一次大阪大空襲で市街地はほぼ焼き尽くされます。

そんな状況の中で恋が実りました。先行きがどうなるか分からないという不安が、二人の心を急激に結びつけたのです。大空襲の八日後、二人は戦火の合間を縫うようにして、京都の都ホテルで結婚式を挙げました。戦時中、女性が街を歩く時は必ずモンペをはくように命じられていたので、姉の澪子らは家からホテルまではモンペ姿で歩いて行き、ホテルに着いてから晴れ着に着替えました。

百福三十五歳、仁子二十八歳です。

仁子は結婚と同時に、十年間勤めた都ホテルを退社しました。新居を大阪府吹田市千里山に構えました。そこで、百福の妻として新しい人生を歩み始めます。

仁子には生涯誇りにしていたことがありました。

父重信の宮司の家系をさかのぼると、二人の偉大なご先祖にたどりつくのです。

一人は、安積艮斎《あさかごんさい》です。

１７９１（寛政３）年、安積国造神社（福島県郡山市）の宮司の三男に生まれ、学問を志して十七歳で江戸に上がります。主に儒学、朱子学をおさめ、いったん、二本松藩に仕えますが再び江戸に上がり、幕府の最高学府「昌平坂学問所」の教授になります。ペリー提督の黒船が来航した際、アメリカ大統領の国書の翻訳にあたりました。同じ年、ロシアのプチャーチンが来航した際にも国書を翻訳し、幕府の返書も書きました。開国を迫る列強に対して堂々とわたり合い、幕府の命運を支えたのです。幕末にかけて艮斎に学んだ門人は、吉田松陰、小栗上野介、高杉晋作、岩崎弥太郎など、実に二千人を超えました。

「山水を愛し、富貴や利達を見ても浮雲のようにしか思わない、まことに大学者というべき人」（安積艮斎先生銅像碑文＝安積国造神社）と徳富蘇峰も讃えているほどの人物です。

ちなみに、艮斎の本名は重信。仁子の父と同じです。偉大な祖先にあやかってつけられた名前なのでしょう。また、儒学を教えた艮斎がもっとも大切にした徳は「仁」でした。「仁以って本と為し」（『艮斎文略』続・巻二）と書いています。「仁」とは、他人と親しみ、思いやりの心を持って共に生きることです。仁子と名づけた重信の親心もここから来ているのでしょうか。

もう一人は、朝河貫一《あさかわかんいち》です。

父重信の母方のいとこに当たります。

1873（明治6）年、旧二本松藩士の子として生まれました。東京専門学校（現在の早稲田大学）を出て、単身アメリカに渡り、ダートマス大学、イェール大学の大学院を卒業、のちに日本人として初めてイェール大学教授に就任します。世界的な歴史学者です。

日露戦争で、日本がバルチック艦隊を破った後、アメリカ・ポーツマスで講和条約が調印されました。日露の間に入って調停したのは、ルーズベルト大統領でした。その時、日本政府のオブザーバーとして参加した朝河は、日本の戦う力がすでに限界にきていることを知っており、賠償金や領土の獲得ではなく、人道的な解決をするよう進言したのです。また、その後、太平洋戦争の日米開戦を避けるため、ルーズベルト大統領から昭和天皇にあてる親書の草案を自ら書き上げ、米国政府に働きかけました。努力は実りませんでしたが、朝河の一貫した平和主義は世界から注目され、「最後の日本人」と評されました。

仁子は、このような偉人の直系の血筋にあたることを誇りにしていました。

また、「ならぬことはならぬ」という会津藩に伝わる教えも、仁子の口ぐせの一つでした。

2013年のNHK大河ドラマ「八重の桜」で主人公の新島八重を演じた綾瀬はるかが、たびたび口にして有名になった言葉です。仁子も強く生きていくための心の支えとして、この教えを生涯大切にしたのです。

私は三日とおかず
イワシを骨ごと食べる。
お陰で90歳を過ぎても歯は全部、
自分の歯である。
「食」は「人」が「良い」
と書く。
食べる人は
良い人なんです。

安藤百福の口ぐせ

第四章
若き日の百福
～実業家への挑戦

若き日の百福

一方、百福はここまでどんな人生を過ごしてきたのでしょうか。二人を引き寄せた運命の糸をたどってみます。

百福は1910（明治43）年3月5日、日本の統治下にあった台湾の地方都市、台南県東石郡朴子街に生まれました。

幼い頃に両親を亡くしました。兄が二人、妹が一人いて、子どもたち四人は祖父母のもとに引き取られました。百福は、親の面影を知らずに育ったのです。祖父の実家は織物を扱う呉服屋でした。戦前の商家はどこでもそうですが、子どものしつけは厳しく、百福も物心がつく頃には掃除、洗濯、炊事から雑用まで、なんでも言いつけられました。百福は妹と一緒に離れ部屋で生活を始めます。親がいなくてさびしいなどと思う暇もないほど、店の中は賑やかでした。客がひっきりなしに出入りし、商品の荷受けや出荷のたびに威勢のいい掛け声が飛び交います。パタンパタンと織機の音が響きます。食事時になると、家族の他に使用人が混じって大きなテーブルを囲みます。店の活気が、百福の子ども心をとらえました。

「商売は面白いな」と。

これが生涯を実業家として歩んだ百福の原体験となったのです。

数字に強い関心を示し、いつも大きな五つ玉のそろばんに触って遊んでいました。そのお陰で、幼少時から足し算、引き算、かけ算ができたそうです。高等小学校に通うようになると、暗いうちに起きて朝食の用意をし、妹の弁当を作って学校に送り出しました。小さい頃から料理が得意だったのです。

学校を卒業すると、さっそく祖父の仕事を手伝います。しばらくすると、東石郡守（知事）の森永という人から、「図書館の司書にならないか」と声をかけられます。どこかほかの子どもとは違う大人びたところがあったからでしょう。喜んで引き受けましたが、毎日、本の貸し出し、受け取り、棚の整理ばかりで、どうも仕事が性に合いません。

「何か自分で商売を起こしたい」という気持ちを抑えられなくなります。

「どうせやるなら、誰もやっていないことをやりたい」

二十二歳になった時、独立を決意します。「東洋莫大小《メリヤス》」という会社を台北市永楽町に設立します。資本金は当時のお金で十九万円でした。費用は祖父が管理してくれていた父の遺産を役立てました。

メリヤスはポルトガル語で靴下という意味で、絹糸や毛糸を編み、伸縮性のある繊維に仕立てたものです。当時、新しい編み機が登場して、大流行する兆しがありました。編み物のメリヤスの仕事なら、祖父の織物業の邪魔にならないだろうという配慮もありました。百福はいつも、メーカーに自分が考えた素材やデザインで特注品を作らせました。これが大当たりします。日本で仕入れて台湾に輸出するのですが、いくら作らせても間に合いません。大阪南船場に「日東商会」という貿易商社を作りました。ここを日本の事業拠点として、次々と新しい仕事に取り組むことになるのです。

百福は好奇心が旺盛で、生涯、子どものような好奇心を持ち続けました。それがいつも新しい事業や発明につながりました。

たとえば、カイコを飼っている養蚕農家を見に行った時のことです。農家の入り口に一本のヒマ（トウゴマ）の木が生えていました。葉を数枚ちぎって、こっそりとカイコの前に置きました。するとカイコがヒマの葉をバリバリと食べ始めました。その時、百福は桑の葉ではなく、ヒマの葉でカイコを育て、絹糸を作れないだろうかと考えたのです。

もともとカイコは桑の葉を食べて育ち、真っ白なマユを作ります。そこから紡ぎ出した絹糸で、きれいなシルクを作るのです。普通の人は、ヒマの葉で糸ができたとしても、何の得があるのかと考えます。百福の発想は違います。それも単なる思い付きでは終わりません。すぐに実行に移すのです。

近江絹絲紡績（現在のオーミケンシ）の夏川嘉久次社長（当時）らと相談し、事業化が決まりました。まず、百福が台湾でヒマを栽培する。その葉でカイコを飼育する。ヒマの実からはヒマシ油をとる。マユは近江絹絲で糸にし、福井県にある酒伊繊維工業（現在のサカイオーベックス）が織物にする。それを三井物産が売る、というものです。ヒマシ油は家庭では下剤として使いますが、当時は飛行機エンジンの潤滑油として旺盛な需要がありました。百福はここまで考えていたのです。ちなみに、ヒマからとれた糸は多少黄色みを帯びましたが、カイコの成長が早いことが分かりました。この一石二鳥、三鳥をねらうアイデアは、戦局が悪化したため中止せざるを得なくなりましたが、当時は画期的なビジネスモデルだったといえます。

「私には学問がない。あるのは実体験だけだ」

百福は高等小学校を出ただけで、大学教育をうけていないことをずっと気にしていました。しかし、図書館の司書をしていた時には、孔子の「論語」、シェークスピアの戯曲、世界の古典を読みました。そこからは知識ではなく、生きる知恵を学んだのです。大阪に出てからは、「商売人もこれからの時代はちゃんとした教育を受けていないとだめだ」と思い、京都の立命館大学専門学部経済科に通います。昼間は社長業があって忙しく、大学に通うのは夜間でした。

百福二十四歳。将来への希望に胸をいっぱいふくらませて、事業と勉学に励んでいました。

同じ頃仁子は十七歳。高等女学校と電話局の掛け持ちで、苦しい家計を支えていました。

二人が結ばれる運命の日まで、あと十年と少しです。

太平洋戦争が始まりました。

「帝国陸海軍は、本8日未明、西太平洋においてアメリカ、イギリス軍と戦闘状態に入れり」

百福は台湾に出張中で、嘉義市の日本旅館「柳屋」の畳の上にあおむけになり、ラジオから流れるニュースに耳を傾けていました。

「大変なことになった」

これからどうなるのか。不安な気持ちで日本に戻りました。

国内では、生活必需品の生産や価格などが国の管理下に置かれ、主食の米や燃料などは切符による配給割当制になりました。もうモノを自由に作って売るわけにはいきません。台湾とのメリヤス貿易もできなくなりました。

百福は考えました。

「こんな時代でも、世の中の人に喜んでもらえる仕事はあるはずだ」

片時もじっとしておれない性分だったのです。次から次と、新しい事業を始めます。まず取り組んだのが幻灯機の製造でした。

当時、軍需工場には人が足りず、学徒動員など、徴用で集められた素人の工員ばかりが働いていました。機械の使い方を知りません。そこで重宝されたのが幻灯機です。旋盤やフライス盤などの図面をスライドにして、白いスクリーンに映して教えたのです。その幻灯機の数が足りませんでした。百福は光学機器にはまったくの素人でしたが、持ち前の好奇心を発揮して勉強し、なんとか製品を完成させました。

本土への空襲が激しくなると、百福は兵庫県の上郡に疎開します。そこでも、じっとしていませんでした。疎開した農家の裏山二十五ヘクタールを買って、炭焼きを始めます。燃料の乏しい時代です。一山そっくり炭にして大阪に持ち帰ると、大変喜ばれました。余った炭を南船場の会社の地下倉庫に貯蔵していましたが、空襲で焼けた時、そこだけ最後まで火が消えなかったそうです。会社はもちろん全焼しました。

兵庫県相生市では、戦災で家を失った人々のために、十平方メートルほどの簡易住宅を作る仕事を始めます。共同経営でした。これは規格化された柱や窓枠や壁材を工場でたくさん作っておいて、現地に運び、素早く組み立てるものでした。これなどは、戦後の日本に起こったプレハブ住宅の発想を先取りしたものかもしれません。

百福の仕事は、一見、手あたり次第のように見えますが、そうではありません。「何か人の役に立つことはないか。そう思って周りを見わたすと、事業のヒントはいくらでも見つかった」と、当時を振り返っています。

若くして成功した百福は自信にあふれていました。自信が過信につながっていたのかもしれません。その頃、自分の身の上に思わぬ災難が降りかかろうとしていることには気が付きませんでした。

戦時中のことです。

百福は知人と共同で新しい会社を立ち上げます。

海軍用の飛行機を作っていた川西航空機（現在の新明和工業）の下請けで、エンジン部品の製造を始めたのです。資材は国から支給されます。毎月厳しい点検がありました。

「数が合いません。誰か横流ししているのではありませんか」

ある日、資材の担当者が耳打ちしました。共同経営者はいましたが、会社の責任者は百福でした。思い悩んだ末に、大阪市の東警察署に相談に行きました。

「警察の管轄じゃないので、憲兵隊に行ったらよかろう」と言われます。

憲兵隊は軍の警察組織で、当時は「泣く子も黙る」と言われるほど恐ろしい場所でした。大手前（大阪市中央区）にあった憲兵隊に申し出ると、K伍長という人が応対に出てきました。

「ちょっと待ちなさい」と言って部屋を出ていったきり、戻ってきません。

やましいところはないのに、不安が高まっていきます。長い時間がたって、ふたたび現れたK伍長の態度ががらりと変わっています。

「お前はけしからんやつだ。自分でやっておきながら、他人に罪をなすりつけようとしておる。横流ししたのはお前じゃないか」

話が逆になっています。

「そんなはずはありません。私はやっていません」

懸命に主張する百福に、暴行が加えられました。

棍棒で殴られ、腹部をけられ、あげくには、正座した足の間に竹の棒をはさまれました。拷問です。いつのまにか、「私が犯人です」と認める自白調書が作られていて、判を押せと強要されました。

百福は強情で、正義感の強い人でした。事情を説明すれば分かってもらえる。調べさえすれば真実は明らかになるだろうと信じていました。考えが甘かったのです。後で明らかになるのですが、実は百福を陥れようというワナが仕組まれていたのです。暴行はいつ果てるともなく続きました。

困ったのは食事です。来る日も来る日も麦飯と漬物。食器は汚れていて臭いました。とても箸をつけられません。同じ留置場にいる男たちが、百福の残した食事を奪い合いました。

体力は目に見えて衰えていきました。百福のあまりの衰弱ぶりに同情した人が

「明日、シャバに出られる。何か力になれることはないか」と聞いてくれました。

百福は知り合いの井上安正・元陸軍中将に今の窮状を伝えてくれるように頼みました。すると翌日にはもう井上が憲兵隊に現れ、百福を留置場から救出してくれたのです。絶体絶命の危機も、あっけなく幕を閉じました。

後になって分かったことですが、資材を横流ししていたのは共同経営者のMでした。MとK伍長とは親戚同士で、裏でつながっていたのです。

陽の光を見たのは四十五日ぶりでした。自力で歩けないほど疲れ果てていました。大阪中央病院（大阪市北区）に約二か月間も入院しました。拷問による腹部の痛手は持病となって、のちに二度、腸閉塞を起こして開腹手術を受けなければならないほど尾を引きました。

井上元中将はその後も、百福の様子を大変気にしてくれました。そして、そろそろ身を固めたらどうかと、都ホテルのフロントにいた仁子を紹介してくれたのです。仁子を見そめたのは井上でした。井上はたびたび都ホテルに泊まることがあり、仁子の仕事ぶりや、やさしい対応が気に入っていたのです。

百福と仁子、二人の人生がめぐりめぐって、不思議な出会いにつながりました。仁子はこのご恩をよほど忘れがたかったらしく、「仁子の手帳」の最初のページに大きく「井上中将」とその名を書き記したのでした。

第五章

戦火避け疎開

~混乱の時代を生きのびる

仁子、泉大津にて

仁子は結婚する時、母須磨を一人置いていくわけにいきませんでした。ほかに世話をしてくれる余裕のある親戚がなかったのです。また仁子は「もう母には絶対に食べ物の苦労をさせない」と心に誓っていました。結局、須磨は仁子の思いどおり、百福との家庭に同居することになりました。

一方、百福には先妻の子がいました。男の子で名前は宏寿《ひろとし》と言います。

「わたしは母を、主人は息子を、それぞれ引き取る。お互いに心にブレーキがあり良いとの事」(手帳)

新婚なのに、家は四人家族になりました。

百福は仁子に三つの約束をしました。

一つ、私が仕事をする。

二つ、家庭は任せる。

三つ、食べるものには苦労させない。


そして、紆余曲折はあったものの、生涯、この約束を守り通しました。

新居は大阪郊外の静かな住宅地、吹田市千里山です。ところが、日に日に空襲が激しくなり、静かなはずの千里山にまでB29爆撃機が飛来するようになりました。いよいよ危険が迫ってきました。百福、仁子、須磨の三人は知り合いを頼って、兵庫県上郡に疎開することにしたのです。長男の宏寿は、別の知人に預けられ、安全な疎開地に移っていきました。

上郡は岡山県境に近い山間の町で、千種川《ちくさがわ》の清流が山を下り、うねりながら播磨灘にそそぐという、自然の豊かな町でした。

百福は、片時もじっとしていません。炭を焼くかと思うと、簡易住宅を建てる仕事に奔走しました。事務所や工場が気になって、たびたび大阪にも出かけました。

食糧難の時代でしたが、百福はどこからか食べ物を持ち帰って、家族に食べさせました。仁子と大阪へ汽車で向かう時には、缶に入れた一羽の蒸し鶏を弁当代わりにして、二人でちぎって食べました。

ある時、お世話になった井上元中将を招待することにしました。牛肉五キロと、たまたま近所でとれたシカの肉が手に入りました。これをすき焼きにしてふるまいました。戦時中ですから、大変なご馳走です。井上は食べ過ぎて腹を壊しました。夜通し布団の上で七転八倒する苦しみようでした。お礼のつもりが、とんだ災難をもたらすことになってしまったのです。

百福は川の魚を捕るためにいろいろ知恵を絞りました。

仁子の姪の冨巨代は、大阪から買い出しに行く時に、母の澪子について上郡に行き、そのまま置いて行かれることがありました。「食いぶちを減らすため」だったそうです。滞在中に、百福が川の魚を捕る様子を何度も見ています。

千種川の支流で幅三メートルほどの川が流れていました。いかにも魚が棲んでいそうな渓流です。

日本には昔から、魚を捕るための「もんどり」という仕掛けがあります。穴の開いた透明なガラス球にエサを入れて川に沈め、魚をおびき寄せます。いったん中に入った魚は、もう外に出られない仕掛けになっています。百福は大阪のエンジン工場で、自分でもんどりを作り上郡に持ち込みました。エサには米ぬかを使いました。川に沈めて川面から覗いていると、せっかく入ってきた魚がすぐに出ていくのです。どうやら穴が大き過ぎたようです。

今度は、家から電線を引いて川に電気を流し、魚を捕ろうということになりました。

「よーし、いいぞ」と百福が合図すると、家で仁子がスイッチを入れます。ボンと大きな音がしました。ヒューズが飛んでしまったのです。魚は一匹も捕れませんでした。

まだあきらめません。

続いて、毒性のあるトリカブトを採ってきて叩いてつぶし、川に流しました。魚が何匹かぷかぷかと浮いてきました。トリカブトはキンポウゲ科の植物で、低毒性の成分を含むので、食べるのは危険でした。しかし仁子は、毒が回らないように、内臓をきれいに洗いとって焼き魚にしました。

何をするにも、子どものような好奇心を発揮するのが百福のやり方です。そして、いつも、一匹、二匹ではなく、川の魚を全部、一網打尽に捕りたいと考える大胆なくせがありました。仁子も本気で、百福の遊びに付き合いました。二人はどこまでも、夫唱婦随なのです。

結局、最後には、大きな竹で編んだザルを使って、追い込んだ魚をすくい取る方法を採用しました。たくさん小魚が捕れました。須磨と仁子が二人で三枚におろし、開きにしたり、味噌に漬けたりしましたが、冷蔵庫はないのでハエがわいて閉口したそうです。

また、百福と仁子は二人で栗山に登り、木を揺らして大量の栗の実を拾ってくることもありました。どうやら、疎開先では食べ物にはあまり苦労しなかったようです。

1945（昭和20）年8月15日、百福と仁子は上郡で終戦を迎えました。百福は、青畳の上に思い切り体を伸ばし、玉音放送を聴いていました。仁子は、家族全員が無事に生きのびられたことに安堵するのでした。

上郡から千種川を下ると赤穂の港に着きます。そこには江戸時代から伝わる播州赤穂の東浜塩田がありました。海水を煮詰めて塩を取り出す過程で「にがり」を含ませる「差塩製法《さしじおせいほう》」を特徴とし、赤穂の天塩として有名でした。目の前にこんな工場があれば、百福の好奇心が発揮されないわけがありません。いったん関心を持つととことん研究し、それを事業のヒントにするのが百福のくせでした。じっくりと観察し、塩作りの手法を一通り頭に留めることができました。この偶然が、百福の戦後最初の仕事につながっていくことになるとは、本人も知る由もありません。

終戦の翌日、百福と仁子は汽車に乗って大阪に出ました。汽車は家の様子を見に戻ろうという疎開者でいっぱいでした。大阪駅に立つと、御堂筋沿いに焼け残った大ビル（旧大阪ビルヂング）やガスビルが見えましたが、ほかは一面、がれきの山でした。御堂筋の先は難波あたりまで一望でき、奈良の方角には生駒山や葛城山が手の届くほど近くに見えました。百福の事業の中心だった心斎橋の事務所や、天王寺勝山町にあった工場などはすべて焼け落ち、灰になってしまいました。

「これから、どうなるのでしょうね」と、仁子は不安でいっぱいです。

さまざまな苦難を乗り越えてきた百福も、さすがに、この惨状を目の当たりにしてはどんな思案も浮かびません。仁子の手を強く握って、焦土の上を黙々と歩くだけでした。

戦災によって、百福が取り組んできた事業はすべて灰になりましたが、幸いメリヤス会社を興して以来の蓄えがありました。焼けた工場、事務所の火災保険金も入ってきました。

「君、こういう混乱期には不動産を買っておくものだよ。あるだけの金をはたいて土地を買ってしまいなさい」

久原房之助に相談すると、こう助言されました。

「経済が復興すれば、モノは増えていく。しかし、土地は生産によって広がることはないからな」

金を儲けることだけが目的なら、それでよかったのでしょう。百福はいつも、世の中のためになりたい、人に喜んでもらいたいと考える人でした。しかし、その頃は呆然として、これからどう生きるかを考えることで頭がいっぱいでした。割り切れない思いを抱きながら、とりあえず土地を買うことにしました。終戦直後、土地は二束三文でした。心斎橋の店舗が一軒五千円で買えました。そごう百貨店の北側などつごう三軒を買いました。ほかに梅田新道や大阪駅前の土地も手に入れました。大阪駅前の土地にはのちに貿易会館を建て、大阪の政財界人が集まるサロンのような場となりました。

百福には戦前から、親しく相談できる友人、知人が何人かいました。久原房之助もその一人でした。久原は日立製作所の母体となった日立鉱山をはじめとする久原財閥を築いた人で、のちに、田中義一内閣の逓信相を務めました。人生の大先輩です。なぜこんな偉大な人物と知り合いになれたのでしょうか。

話はさかのぼりますが、百福がまだ若い頃、総理大臣だった田中義一の家を訪ねたことがあります。司法書士をしていた叔父が田中と付き合いがあり、「お前も商売をやるなら顔が広い方がよかろう」と、連れて行ってもらったのです。相手は旧長州藩士の家に生まれ、陸軍大将になった軍人です。恐ろしくて口もきけませんでした。ただ、その時紹介された息子の田中龍夫と親しくなりました。龍夫は当時、東大の学生で百福と同い年、よく気が合って生涯の友となったのです。のちに龍夫は、貴族院議員、山口県知事、衆議院議員となり、総務長官、文部大臣などを歴任します。

久原は義一が亡くなった後、龍夫の後見人として面倒を見ていました。その関係で、龍夫と一緒に東京都港区白金台の久原邸（現在の八芳園）に遊びに行くようになりました。百福は小さい時から多くの人の中で育ちましたので、人の気持ちを素早く察する能力がありました。「細かいところによく気が付く」というので、久原に気に入られたのです。

疎開先で仁子は赤ちゃんを身ごもりましたが、妊娠八か月足らずの早産児だったため亡くなりました。女の子でした。百福は大阪に行っていて不在でした。第一子の誕生を楽しみにしていた百福は怒りが収まらず、上郡に帰るなり仁子の顔も見ないで、産婆さんの家に怒鳴り込みました。しかしどうしようもありません。仁子は産後の肥立ちが悪く、いい医者がいなくて困りましたが、例によって、百福がどこからともなく食べ物を持ち帰り食べさせてくれました。仁子は、持ち前の体力で回復したのです。

１９４６（昭和21）年の冬になりました。

終戦から一年たっても、まだ世の中は混乱していました。食べるものがなく、人々は芋のツルまで食べて飢えをしのいでいました。

百福と家族は、疎開先だった上郡の家や、近隣での事業を整理して、大阪府泉大津市に急ごしらえで建てた家に移ることになりました。上郡からの列車は満員で、窓ガラスは割れてなくなっていました。その窓から乗り込み、列車にしがみつくようにして大阪駅に着きました。そこから御堂筋に沿って、持てる限りの荷物を担いで、南海電鉄の終点難波駅まで歩きました。街には腹をすかせた子どもたちや、やせ細った浮浪者がたくさんいました。道端にじっとうずくまっているのは、今亡くなったばかりの人でした。百福は何人も何人も餓死者を見ました。胸が押しつぶされそうなほど、苦しくなりました。

「人間は食べなければ生きてゆけないのだ」

そんな当たり前のことに気が付きました。

「衣食住というが、食がなければ衣も住も芸術も文化もあったものではない」

そう悟ったのです。

これから、世の中のために何をすればいいか。答えは明らかでした。この時、百福はすべての仕事をなげうって、食に転向する決意を固めたのです。


ようやく泉大津での落ち着いた生活が始まりました。

当時の泉南海岸には豊かな自然が残っていて、高石市や堺市のあたりまで白砂青松の海岸が続いていました。海水浴も楽しめました。今は、関西国際空港ができ、堺泉北臨海工業地帯が連なっていて、昔の面影はありません。

海の水は澄んでいて、地引網を引くとおもしろいように魚が捕れました。近くの海岸に、旧造兵廠（旧日本軍の武器製造工場）の広大な跡地が広がっていて、空襲をまぬがれた建物や倉庫がそのまま残っていました。

「こんな天然資源をほうっておく手はないな」

そう思うと、百福はもう、居ても立ってもいられなくなりました。

跡地は大阪鉄道局の管轄であることが分かりました。さっそく、終戦処理を担当していた部署に、その使用を申し出ました。何度も熱心に働きかけたかいがあって、建物と資材の払い下げを受けることができました。土地は無償で貸与されました。

敷地は二十万平方メートルもあり、中央には幅六メートルの道路が走っていました。高圧電線が引き込まれていて、機械のスクラップや錆びた鋼材が野積みされ、浜には銃弾の薬莢が散乱していました。倉庫を二棟買い取ったところ、一つには食用に使える綿実油が、もう一つには砂糖が保管されていました。そして極めつけは、工場の構内にたくさん積まれていた薄い鉄板です。

それを見て、ひらめいたのです。

「よし、塩を作ろう」

安藤百福の口ぐせ

第六章
解放された日々
～若者集め塩作り

仁子（右）は水泳が得意だった。
泉大津にて、20歳の頃

大阪の街には、出征先から帰国した復員軍人や引揚者や戦災孤児があふれていました。復員軍人の中には、まだ短銃を持ち歩く者もいて物騒でした。

百福は、親しい政治家――当時、運輸省鉄道総局長官だった佐藤栄作（後の総理大臣）や田中龍夫らと会う機会があると、いつも、「若者がいつまでも仕事もなくぶらぶらしているのは困ったものだ」という話になりました。

「それなら、私が一役買おう」と、百福が男気を出します。

仕事のない若者を集め、泉大津の浜で働かせることにしました。みんな住み込みで、給料はありませんが、奨学金のような生活費を支給しました。百福は赤穂で覚えた塩作りを、見よう見まねの自己流で始めたのです。

薄い鉄板を集め、海側を高く、山側を低くして並べます。強い日差しを浴びてやけどするくらい熱くなった鉄板の上に海水を流します。この作業を何度も繰り返すと、次第に塩分が濃縮されます。最後に、たまった濃縮液を大釜に集め、さらに煮詰めると、立派な塩ができました。泉大津の浜一面に見渡す限り鉄板が並んだ様子は壮観でした。

「普通の塩田よりも、このやり方の方が能率的だった」と、のちに百福が自慢したほどの出来栄えだったそうです。

塩の生産は明治以降ずっと国の専売制で勝手に作ることは禁じられていました。太平洋戦争が起こって塩の生産が減り、輸入も困難となったため、1942（昭和17）年に「自家用塩制度」という法律が施行され、非常手段として塩の生産が認められました。百福のアイデアは、多くの人に喜んでもらえる上に、国の方針にも沿ったすばらしい事業としてスタートしたのです。

とはいえ、素人のやることですから最初は失敗の連続です。屋根のない露天の工場なので、雨が降るとせっかく溜めた濃縮液が流されてしまいました。ある時など、電気がショートして付近一帯が停電し、電力会社から大目玉を食いました。これはのちに、若者の一人がいたずらをして、配電盤にカニを突っ込んだためと分かりました。できた塩には少し黄色っぽい色がついていましたが、近所や泉大津の市民に配ると大変喜ばれたそうです。余った塩はゴマや焼き海苔を入れて、ふりかけにしました。

また、漁船を二艘買い、沖合でイワシを捕りました。魚の群れが、それこそイワシ雲のように湧きあがりました。全員、連日の豊漁にわきました。とれたてのまだ生きているイワシを、ムシロの上に広げて乾燥させると上等の干物になったのです。

水泳の得意な仁子は、若者たちと一緒に船に乗りました。沖合で泳ぎ、一緒に漁をし、子どものようにはしゃいでいました。百福はあまり泳げません。仁子が海に入って、「はい、ここまで」と叫ぶと、バシャバシャと泳ぎ始めます。仁子は少しずつ沖に後ずさりして、百福を困らせます。

楽しい日々が過ぎていきました。貧しさと、戦争の苦しみから解放されて、ようやく仁子にも幸せな生活が訪れたのでした。

百福はいったん動き出すと止まりません。

塩作りも軌道に乗らないのに、もうほかの事業を始めたのです。

1947（昭和22）年、名古屋に「中華交通技術専門学院」（昭和区駒方町三丁目

一番地）を設立しました。自動車の構造や修理技術、鉄道建設の知識などを学べる学校です。

「今度の戦争で日本は中国に迷惑をかけた。中国は広いから、民生の安定のためには、自動車や鉄道などの交通整備が必要になる。将来、技術協力できる人材の育成をしたらどうですか」と勧められたのです。

勧めたのは運輸、鉄道行政に詳しい佐藤栄作でした。

百福は明治生まれの男らしく、世のため人のためという言葉が好きでした。さらに、お国のためと言われると、ついその気になってしまう人の良さがありました。それで、何度か痛い目にあうのですが……。

学校設立に際しても、「若者に食と職を与えて技術を覚えさせ、将来、自分の力で生活できる道を開かせたい」という思いに突き動かされたのです。

トヨタ自動車の隈部一雄（当時専務）に頼むと、自動車の車体、エンジン、シャーシなどを無償提供してくれました。名古屋大学は十一人の先生を臨時講師として派遣してくれ、佐藤栄作も、全国の国鉄（現在のＪＲ）の駅に給付生募集のポスターを無料で貼るように働きかけてくれました。給付生には奨学金として月五千円を与えました。あっという間にたくさんの生徒が集まりました。第一期の学生は、在日の中国人と日本人がそれぞれ三十人、計六十人でスタートしたのです。

塩作りと学校と、周囲からいろいろな厚意に支えられて始まった百福の仕事は順調に推移するかに見えました。しかし思わぬ落とし穴が待ち受けていたのです。百福の意図は誤解され、水泡に帰すことになりますが、そのことは後でお話しすることにしましょう。

この年の10月7日、仁子に待ちに待った男の子が生まれました。宏基と名づけました。将来、百福の後をついで、日清食品を世界企業に成長させていくことになるのです。

百福は「日本の復興は食から」というかねてからの思いを忘れていませんでした。交通学院を作った翌年に、泉大津に栄養食品を開発する「国民栄養科学研究所」を設立しました。

街にはまだ浮浪児が多く、栄養失調で行き倒れになる人が後を絶ちません。人々は小麦粉の生地を手でちぎって丸め、だしで煮た水団《すいとん》や、菜っ葉を浮かせただけの雑炊を食べて飢えをしのいでいました。国から配給される食糧では足りず、焼け跡にはヤミ市が立って、たいへんな繁盛でした。

最初に研究したのは病人のための食品です。健康な人でも栄養失調の一歩手前にいた時代です。病気で入院している患者が、病気が原因ではなく栄養不良で命を縮めていたのです。大阪市立衛生研究所や大阪大学の栄養の専門家に協力を仰いで研究を始めました。

百福は新しいテーマが見つかると、我を忘れて没頭してしまいます。

ある晩、布団の中で「はたして、どんなものが材料になるだろうか」と考えていました。カエルの声が聞こえました。庭の池に食用ガエルが棲みついていたのです。

「これは栄養剤の原料になるかもしれない」

早速、若い者を起こして捕獲作業に入りました。捕まえてみると、体長二十センチはある立派な食用ガエルでした。きれいに洗って、内臓を取りました。圧力釜に入れて電熱器にかけました。となりの部屋には仁子と生まれたばかりの宏基が寝ていました。二時間ほどたつと、ドーンという大音響とともに、圧力釜が爆発し、中身が部屋中に飛び散りました。家の中で一番きれいにしつらえた日本間の天井、鴨居、ふすまなどが、台無しになってしまったのです。

「まあ、何もこんなところでなさらなくても」と、仁子にさんざん絞られました。

残念ながら、カエルは栄養剤にはなりませんでした。よほど悔しかったのか、後日、もう一度料理して食べてみると大変おいしく、「産後で体力の落ちていた家内に食べさせて、格好の栄養源になった」と自慢しました。

研究所では、牛や豚の骨からエキスを抽出し、タンパク食品に加工することに成功しました。ペースト状にしてパンに塗って食べる商品で「ビセイクル」という名前です。厚生省（現在の厚生労働省）に品質が評価され、一部、病院食として採用されました。決して大きな売り上げになったわけではありませんが、百福の食品加工の第一歩はこうして報いられたのです。

同じ頃百福は、将来の仕事に大きな影響を与えた「心の原風景」とでもいうべき二つの出来事を経験します。それをご紹介しましょう。

大阪阪急電鉄梅田駅の裏にはヤミ市がありました。

こごえるような寒い夜でした。百福が通りかかると、二、三十メートルはある長い行列ができていました。一軒の屋台があって、裸電球の薄明かりの下に温かい湯気が上がっていました。ラーメンの屋台でした。粗末な衣服に身を包んだ人々が、寒さに震えながら順番が来るのを待っているのです。そして、温かいラーメンをすすっている人の顔は幸せそうな笑顔に包まれていました。

「日本人はこんなにラーメンが好きなんだ」

当時としてはどこにでも見られる風景でしたが、百福の心に強く焼きつけられたのです。

占領下、アメリカは余った小麦を日本に輸出し、日本人に粉食を奨励していました。厚生省はこれを受けてパンやビスケットを作り、学校給食などに配給したのです。それが百福には不満でした。栄養食の関係で監督官庁の厚生省に出入りする機会のあった百福は、栄養課長の有本邦太郎（後の国立栄養研究所長）に疑問をぶつけました。

「パン食にはスープやおかずがいるが、ほとんどの日本人はパンだけを食べている。これでは栄養が足らないでしょう。東洋には昔から麺という伝統的な食事があるじゃないですか。麺ならスープや具材もついて栄養もあります。同じ小麦粉を使うのなら、なぜ麺類を奨励しないのですか」

有本は困りました。

当時のうどんやラーメンは零細な家内工業で作られていて、大量生産する技術や配給ルートはありませんでした。

「それほど言うなら安藤さん、あなたが研究したらどうですか」と答えました。

百福には麺類について深い知識があったわけではなく、その場はそれで引き下がりました。

「ラーメンみたいなものは研究に値しません」

百福が泉大津に設立した国民栄養科学研究所の研究者に相談してみると、そんな

第六章
解放された日々〜若者集め塩作り

風に一蹴されました。

あきらめざるを得ないのか……。

しかしその日から、屋台の行列と厚生省とのやり取りが百福の脳裏にすみついて離れなくなったのです。

百福、三十八歳。

インスタントラーメンが日の目を見るまで、あと十年です。

会社は野中の一本
杉であるよりも、
森として発展した
方がよい。
仕事を戯《たわむ》れ化せよ。
発明や発見には
立派な設備や
資金はいらない。
安藤百福の口ぐせ

第七章

巣鴨に収監

～無実をかけた闘い

仁子、34歳頃

仁子にとって、泉大津の生活は忙しいけれど、解放感にあふれていました。

百福の仕事の付き合いも広がったため泊まり客も多く、GHQ（連合国最高司令官総司令部）の軍人家族らがパーティーをするために訪ねてくることもありました。仁子と二人でダンスを習い始めたのもこの頃です。百福の方が一生懸命で、いつも汗びっしょりになるほど真剣に練習しました。パーティーの日には朝から揚げ物です。仁子は前夜遅くまでかけて下ごしらえをし、朝は五時には起きて準備をしました。宏基の一歳の誕生日はまことに盛大で、たくさんの祝い客にごちそうがふるまわれたそうです。

給付生は最初の二十人が五十人になり、とうとう百人を超えました。須磨と仁子が食事の面倒を見ていましたが、もう手に負えません。ご近所から何人もお手伝いさんに来てもらうようになりました。塩作りに集まった若者には、いろんな人がいました。料理の得意な人、床屋さん、洋服の仕立屋さんもいました。いつのまにか、楽器を演奏する人が集まって吹奏楽団が作られました。百福が外出先から泉大津の自宅に戻ってくると、整列してにぎやかな楽隊付きで出迎えるようになりました。さすがにこれは「ご近所に迷惑がかかるだろうし、私も恥ずかしい」と百福が言うので取りやめになりました。

仁子は家事に追われて忙しかったので、家計は須磨が握っていました。いつも和紙をとじ込んだ大黒帳（家計簿＝正式には大福帳）を作って、お金を管理していました。百福から預かった大事なお金です。お手伝いさんの買い物のおつりが一円、一銭でも合わないと、前に座らせたままパチパチとそろばんをはじいて計算し、勘定が合うまで動きませんでした。

須磨と仁子は若者たちの母親代わりになって、食事だけでなくいろいろな生活の面倒を見ました。しょっちゅう小遣いをせびられ、恋愛相談まで持ち込まれます。毎月一回、誕生会も開きました。仁子はどこで覚えたのか、アルコールにカラメルを入れ、ウイスキーまがいのものを作るのが上手でした。料理には沖合でとれたカレイやチヌをさばきました。それらを並べるテーブルも、大工仕事の得意な若者が浜に打ち上げられた流木で作り上げたものでした。自給自足の生活です。楽しく酔い、若者たちは大声をあげて、夜の更けるまで語り合いました。

小学生だった冨巨代は休みになると、泊りがけで泉大津に遊びに行きました。浜辺はほとんどプライベート・ビーチです。夜になると、仁子に連れられてこっそりと浜に出て、二人とも裸で泳ぎました。仁子はどんどん沖へ出ていきますが、冨巨代は怖くて波打ち際で脚をバタバタしながら、仁子が戻ってくるのを待っていました。夏休みが終わって帰る時には、誰が作ってくれたのか、きれいな洋服が一着、できあがっているのでした。


ある時、冨巨代が遊んでいると、一人の男が松の木に上って製塩所の中を覗き込んでいました。

「おっちゃん、なにしてるん」と聞くと、「シー!」と言われました。

どうやら、警察か税務署の役人が、浜で若い連中が何をやっているのか調べていたらしいのです。

「若いもんがいっぱい集まって騒いでいる。どうもうさんくさい」

警察が周辺の聞き込み捜査を始めました。百福は憤慨しました。

「私利私欲のためにやっているわけじゃない。捜査をやめさせてくれませんか」

内務省の高官に頼んでみました。それが警察の耳に入り、かえって心証を悪くしたのです。

1948（昭和23）年のクリスマスの夜。

GHQの大阪軍政部長が転勤するというので、百福の経営する貿易会館で送別会が開かれました。赤間文三（当時の大阪府知事）、杉道助（当時の大阪商工会議所会頭）などが招かれて、盛大なパーティーでした。会が終わり、正面玄関から客を送り出したあと、会館の裏手に停めてあった車に乗ろうとすると、二人のMP（アメリカ陸軍の憲兵）が百福の身体を両側から抱え込んで、有無を言わさずジープに押し込んだのです。

容疑は脱税でした。

若者たちに奨学金として渡していたお金が給与とみなされ、源泉徴収して納めるべき所得税を納付していないというのです。寝耳に水です。戦後の復興のためにと思って始めた事業で、経営的には一文の得にもならない社会奉仕でした。善意が踏みにじられたという思いでいっぱいでした。

大阪のＧＨＱ軍政部で裁判が開かれ、たった一週間で四年間の重労働という判決が出ました。百福の言い分は一切聞いてもらえず、財産が差し押さえられました。泉大津の工場、炭焼きをした上郡の山林、大阪市内の不動産もことごとく没収され、百福の身柄は巣鴨プリズン（旧東京拘置所。戦後ＧＨＱが接収）に移されたのです。

仁子にとって、ようやく手に入れた楽しく幸せな生活が、あっという間に崩れてしまいました。生まれてすぐに亡くなった娘にどこか面差しが似ていると、大切にしていた人形までが競売のために持ち去られてしまいました。悪い夢を見ているようでした。子どもの頃何度も、逃げるようにして家を追われた悲しい光景が脳裏によみがえってきます。

そんな仁子を支えたのは須磨でした。「私は武士の娘」といつも気丈だった須磨は、この時も落ち着いて、「起こったことは仕方がない。クジラのようにすべてを呑み込みなさい」といつもの言葉で仁子を勇気づけたのです。それだけではありません。財産が差し押さえられ、競売にかけられていく中で、しっかり自分のへそくりを守り通しました。百福が巣鴨にいた間の生活費はそれでまかなわれたのです。

仁子ら家族は泉大津の家を立ち退き、知り合いを頼って大阪府池田市呉服《くれは》町の借家に移り住むことになりました。その時、仁子のおなかには新しい命が宿っていました。ほとんど臨月で、仁子は大きなおなかを抱えて、差し入れを持って巣鴨まで面会に出かけるのでした。

百福は会うなり、自分の不在中にやっておくべきことをあれこれと指示します。仁子はそれをメモするだけで精いっぱいで、ほとんど何もしゃべれません。あっという間に時間がたって、百福は、「おう!」と手を上げて廊下の向こうに行ってしまうのです。仁子は自分の気持ちを少しも聞いてもらえず、いつも唖然と見送るだけでした。

年が明けた1949(昭和24)年1月26日、長女明美が生まれました。百福は巣鴨の獄舎で、娘の誕生を知らされました。

戦後の日本は、深刻な歳入不足に陥っていました。GHQが厳しい徴税策を迫ったため、国民の間では反税運動が起きました。新しく着任したGHQの大阪軍政部長が新聞談話を発表しました。

「アメリカでは税金を納めることは国民の義務である。日本人も納税義務を果たして国家に貢献しなければならぬ。違反者は厳罰に処す」という強い方針を打ち出したのです。記事の中で、百福の事件が名指しで紹介されていました。どうやら、見せしめに使われたようでした。

納得がいきません。親しかった政治家も同情はしてくれましたが、GHQの前では動きが取れず、助けにはなりません。とうとう百福は税務当局を相手に処分取り消しの訴訟を起こしました。京都大学法学部の黒田覺教授にお願いして六人の弁護団を組織してもらい、徹底的に戦うことを決意したのです。

巣鴨には、戦争犯罪の容疑やパージ（公職追放）で逮捕された軍人、政治家、評論家、実業家などが収容されていました。元将校でも、貴族院の議員でも、学者でも、商売人でも食事は平等でした。百福は「米兵と同じ食事だったので、食糧難の一般国民よりよほど恵まれていた。さすがアメリカは自由の国だ」と感心したのです。

裁判が進むうちに、税務当局から「訴えを取り下げてくれないか」と言ってきました。「取り下げるなら、即刻、自由の身にしてもよろしい」。

もし裁判で負けると、世の中の反税運動を勢いづかせることにもなりかねません。旗色が悪くなってきたので、妥協を迫ってきたのです。

「正義を貫きたい。ここで折れるわけにはいかない」

百福は訴訟を継続しました。

明美がまだ小さくて動かせない時は、仁子は一人で面会に出かけました。夜行列車で日帰りです。母乳がよく出るようにと、須磨が餅を焼いて持たせましたが、おっぱいが張って困り、帰るなりすぐに明美に飲ませました。離乳食がなかったので明美は栄養失調気味で、一歳になっても歯が生えてきません。須磨が心配して、米を粉にして、トロトロに炊いてくれたお粥で生きのびました。

仁子は、面会に行っては「もう訴えを取り下げてください」と涙ながらに頼みました。

百福は「あとしばらく辛抱してくれ」と突っぱねます。

百福が折れたのは、仁子が宏基の手を引き、一歳を過ぎた明美を抱いて面会に来た日でした。前日、大阪発午後十一時の夜行列車に乗り、翌朝東京駅に着きます。午前中に事務手続きを終え、午後一時からようやく面会が始まります。時間はたった四十五分しかありません。金網をはさんでお互いの顔を見つめ合います。さすがの百福も、二年の収監で疲労の色が隠せません。仁子は離れ離れになった寂しさと生活苦を訴えます。いつものように、あっという間に時間が来て、百福と家族は引き裂かれました。幼い子どもたちが小さな手を振って帰っていく、その後ろ姿を見て、さすがの百福も「もうこの辺が潮時かもしれないな」と感じたのです。自分一人の正義を押し通すのも限界に来ていました。

逆に弁護団からは「最後まで闘えば、必ず勝てます」と励まされましたが、訴えを取り下げました。取り下げると同時に、即刻、無罪放免となりました。

第七章
巣鴨に収監～無実をかけた闘い

釈放された日は、神田の若喜旅館に泊まりました。二年ぶりの一家団欒です。百福の頭の毛は半分白くなっていました。明美は長期不在の父親になかなかなじめず、のちに仁子から「あなたはお父さんのこの大きなおなかから生まれてきたのよ」と言われて、ようやくなつくことができました。

夫婦は同じ舟に
乗っている。
言い争いをして、お互い鉄の棒で舟底をつつき合えば、
二人とも溺れてしまう。

私が無一文になった時、
「失ったのは財産だけではないか、その分だけ経験が血や肉となって身についた」と考えた。
すると、新たな勇気が
湧いてきた。

安藤百福の口ぐせ

第八章

一難去ってまた一難
～仁子、巡礼の旅

1955年頃、百福と夫婦仲睦まじく

放免はされたものの、百福の人生はまた振り出しに戻ってしまいました。人間の運は、いったん悪い方へ転がり出すと、もう止めようがないのかもしれません。心のどこかにあせりがあって、冷静な判断を誤らせるのでしょうか。

1951（昭和26）年のことです。百福は四十一歳になっていました。

ある日、こんな話が舞い込みました。

「信用組合を新しく作ります。ついては理事長を引き受けてくれませんか」

百福は金融関係の仕事は経験したことがありません。いったんは断ったものの、「そこを何とか」としつこく依頼されます。三顧の礼といえば聞こえはいいのですが、実際は「名前だけで結構です。安藤さんのような方がトップにいるだけで信用がつくから」というものでした。

はっきりと断るべきだったのです。しかし、百福はいろいろ苦労した後でした。こうした誘いがうれしくもあり、おだてに弱くなっていたのでしょう。理事長のポストを引き受けてしまったのです。

小さくても銀行の頭取です。生活は華やかになりました。それまで仕事一途でほとんど趣味も遊びもなかった百福ですが、ゴルフを覚えました。早朝、ゴルフ場が開くのを待ちきれずにコースに入り込み、練習をするほど熱心でした。始めると夢中になるくせは仕事だけではなかったのです。また、宝塚歌劇が好きになり、当時、娘役の人気スターだった乙羽信子のファンになりました。観に行きたくなると、自分からは言い出しにくいので、いつも子どもやお手伝いさんに言わせて「では連れて行ってやるか」とチケットを買いました。小さい宏基は少しも面白くありません。ステージのすぐ下のいい席で見るラインダンスがはずかしかったのです。席に座らず舞台横の隅っこに立って、舞台を見ないで客の顔ばかり見ていました。百福はよく家で「すみれの花咲く頃」を歌いましたが、あまり上手ではなく、実際の歌を聴くと違う歌に聞こえたほどです。

正月の三が日には、池田の自宅に年賀の客が絶えません。とうとう百人を超すようになると、もう仁子の手に負えなくなり、コックを二人呼んでお膳を用意するほどのにぎわいになったのです。

仁子は家事の合間に、映画と文楽を見るのを楽しみにしました。洋画が好きで、映画を見て帰ってくるといつも主題歌を口ずさみました。『腰抜け二挺拳銃』（1949年、米映画）でボブ・ホープが歌った「ボタンズ・アンド・ボウズ」（ボタンとリボン）や、フォークソングの「テン・リトル・インディアンズ」をきれいな声で歌いました。若い頃から親しんだ英語の発音はさすがに上手だったそうです。文楽もよく観に行きました。こちらは若い頃の百福にそっくりな人形遣いがいたためです。

須磨はもっぱら、孫の面倒を見ました。幼い宏基と明美が可愛くて仕方がなかったのです。二人が幼稚園に通っている頃は、いつも三人が川の字になって寝ていました。小学生になって、二階の個室をもらうようになると、須磨は孫のことが気にかかり、夜中に階段を上がって様子を見に行くのでした。顔をさわって、ちゃんと息をしているか確かめるのが日課だったのです。

一見、平和な暮らしです。

しかし、仁子の心に変化が生じました。

今は幸せだけれど、人の世は無常。泉大津の時のように、いつなんどき、また家族に災難が降りかかるか分からない。結婚した当時、「人間にとって一番大事なのは食だ」と、塩や栄養食品の開発に取り組んでいた百福が、今は慣れない銀行の仕事をしている。大丈夫だろうか。そんな不安がよぎったのかもしれません。

「私にできることは祈ること」と、仁子は信仰の道に入りました。

山梨県にある日蓮宗総本山久遠寺の修行僧だった関法尊《ほうそん》師に出会い、教えを受けることにしました。人を悲しみから救ってくれる観音様の慈悲を知り、自らも観音様と一体となることを望んだのです。

近畿二府四県と岐阜県に点在する「西国三十三観音霊場」を巡礼しました。日本ではもっとも古い霊場で、全部を回ると「現世のあらゆる罪が消滅する」というので多くの巡礼者を集めました。仁子はいつも行けるところまでは車で行き、後はたった一人で歩きました。元気な時は、馬が歩く幅くらいしかない狭い山道を登りました。観音様めぐりがすべて終わると、すぐに新しい巡礼の旅を始めました。現世利益を叶えてくれるという「近畿三十六不動尊霊場」、病気を治して長生きできるという「西国四十九薬師霊場」、さらに、他人を苦しめないようにという「尼寺三十四霊場」をめぐり、その合間に「関西花の寺二十五ケ所」を訪れて季節ごとに咲くアジサイ、ハナショウブ、カキツバタなどを愛でるのでした。ただし、弘法大師ゆかりの寺を訪ねる「四国八十八ケ所霊場」めぐりだけは晩年の楽しみにとっておきました。

仁子の巡礼はすべて日帰りでした。車や飛行機で出かけますが、帰る頃になるといつもそわそわし始めます。家のことと、百福の帰りを気にしているのです。百福は若い頃から早寝早起きで、仕事が終わるとさっさと帰宅しました。高級料亭の宴会や、酒席のお付き合いがあまり好きではありませんでした。その代わり、家では夕食、朝食はフルコースといっていいほどしっかりと食べました。仁子はその準備にいつも頭を悩ませていたのです。「主人の健康は、私が支える」という責任感が強く、帰宅した百福が、今日はこれが食べたいというと、今まで準備したものをすべて作り変えました。

百福はいつも世界の中心にいる人でした。何か始めると、周りの人はいつの間にかその渦に呑みこまれました。仁子は決してグチは言いませんでしたが、我慢にも限界がありました。気持ちがどうしても収まらない時は、周りにいる人に、「ちょっと手を出してちょうだい」と言い、出てきた手の平を「くそっ」と言ってつねるふりをし、溜飲を下げたそうです。これをいつしか人は「仁子のくそ教」と呼ぶようになりました。幼少時から、どんなにつらいことがあっても「なにくそ」と乗り越えてきた仁子ですが、晩年の対象は、いつも百福だったのです。

さて、「名前だけで結構ですから」と頼まれて引き受けた仕事ですが、百福はただ、じっと座っている仕事は性に合いません。営業担当者と一緒に心斎橋周辺をぐるっと挨拶に回ると、相当な預金が集まりました。

「私の信用度もまんざらではないな」と内心うれしくなりました。

百福自身も口座を作り、トラの子のお金をすべて預金しました。

最初の数年間は順調に進みました。やがて雲行きが怪しくなりました。組合員への融資がルーズだったため、あちこちで不良債権が発生していたのです。こんな時に限って、うまい話が持ち込まれます。不振を一挙に取り戻せそうな投機的な話です。経営を再建したいという思いでこの話に乗りました。やはり、失敗でした。百福は自分の預金を引き出して債権の処理にあてようとしました。しかしすでに信用組合の資産は凍結されていて、自分の預金口座といえども勝手に引き出せない状況になっていたのです。倒産です。百福は理事長として責任を問われました。またしても、財産を失うことになったのです。

国税局の役人が池田市呉服町の家に差し押さえにやってきました。彼らが、玄関先から上がり込んでくる前に、須磨は現金や証書類を腹巻の中に隠しました。残りはまとめて仁子に渡します。仁子はそれをハンドバッグに押し込むと、離れの間にほうり込みました。別の部屋では、スキー場から帰ってきたばかりの冨巨代が疲れて寝ていました。その布団の中にも書類を隠しました。税務署員も、さすがに若い女の子の布団まではは がせませんでした。またとっさに、小学校一年生だった明美のランドセルの中にも書類を押し込みました。明美はそのまま気が付かずに学校に

第八章
一難去ってまた一難〜仁子、巡礼の旅

行き、何も知らないままに帰宅しました。役人は裸電球のともった納戸の中に入って財産になりそうなものを探していました。小学校三年生の宏基がタンスに貼られた赤紙をはがそうとしましたが、「これはもう私たちのものではないのよ」と須磨に止められました。

税務署の査察は三回ありました。百福はいつも不在で、翌朝になると、食堂で何事もなかったように、知らん顔をして座っていたそうです。

仁子の漠然とした不安が現実のものとなってしまったのです。

安藤百福の口ぐせ

第九章

即席麺の開発

～仁子の天ぷらがヒント

チキンラーメンを開発した研究小屋
（カップヌードルミュージアム大阪池田）

信用組合は倒産しました。

泉大津の時と同じように、百福はまたしても財産を失いました。

身辺は急に静かになりました。

池田市呉服町の自宅には訪れる人もありません。

「責任を持てない仕事は、いくら頼まれても軽々に引き受けてはいけないのだ」

百福は毎日、迷惑をかけた預金者一人一人の顔を思い起こしては、後悔に身をこがしました。家族のためにも、これからどうしていけばよいのか。頭の中はもうそれでいっぱいでした。


「え、ラーメン屋さんをなさるんですか」

仁子は思わず耳を疑いました。

「ラーメンといっても、いつでも、すぐに食べられるラーメンだ」

百福は自信ありげに言いました。

いったん思いついたら、もうこの人には何を言ってもだめ。仁子は、百福の性格をよく承知していました。だから、いつも黙って後をついて行くだけ。それが仁子のやり方です。

「日本一のラーメン屋になる」

百福の言葉に、仁子は安心したのです。

前年の経済白書は「もはや戦後ではない」とうたっていました。しかし、百福の脳裏には、戦後の貧しい時代に見たヤミ市のラーメン屋台の行列と、厚生省でのやり取りがよみがえっていたのです。

「寒さに震えながら、一杯のラーメンを食べるために、人はあんなに努力するものなんだ。ラーメンはきっと人を幸せにする」

そう信じて、研究にとりかかったのです。

部下もいなければ、お金もありません。昔なじみの大工さんに頼んで、庭に十平方メートルほどの小さな小屋を建ててもらいました。大阪ミナミの道具屋筋を回って中古の製麺機、直径一メートルもある大きな中華鍋を買いました。十八キロ入りの小麦粉、食用油などを買い、自転車やリヤカーの荷台に乗せて自宅まで運びました。

裸電球の下で開発作業が始まりました。大量生産できて、家庭でもすぐに食べられるようにしたい。そのために五つの目標を立てました。

一つ、おいしいこと。
二つ、保存できること。
三つ、調理が簡単なこと。
四つ、安いこと。
五つ、衛生的なこと。

朝の五時に起きて小屋に入り、夜中の一時、二時まで麺を打つ作業に没頭しました。百福は麺についてはまったくの素人で、ああでもない、こうでもないと失敗を繰り返しながら、少しずつ前に進む以外に方法はありませんでした。麺の水分、塩分、かん水などの配合は微妙で、作っては捨て、捨てては作るという繰り返しです。

第九章
即席麺の開発〜仁子の天ぷらがヒント

ようやく、麺の配合が決まりました。そこから先は、阪急池田駅前の栄町商店街の入り口にあった製麺所・吉野商店の初代主原《ぬしはら》宇市に頼み込んで麺を打ってもらうことにしました。

「いったい何を始めるんですか」と聞かれましたが、説明に困りました。出来上がった生麺を自転車で運んでいると、近所の人が振り返って見ています。昨日までは、たとえ小さくても信用組合の理事長です。「落ちぶれてかわいそうに」とでも思われていたのでしょう。

何度も逆境から立ち上がってきた百福はそんなことは一向に気にしません。口ぐせの「転んでもただでは起きるな。そこらへんの土でもつかんでこい」（安藤百福語録）を地で行く奮闘ぶりでした。

百福は主原の仕事に信頼を寄せ、「一緒に事業をしないか」と持ちかけました。しかし、彼は「私は学もないし、とてもできひん」と断りました。宇市の息子安浩は当時のことをよく覚えていて、「チキンラーメンができた時には、安藤さんがプリンスという自動車に乗って、三十食入り二ケースを届けてくれました。みんなで食べたら、おいしかった」となつかしそうに振り返ります。

一緒に仕事はできませんでしたが、のちにチキンラーメンの製法をめぐって特許侵害の訴訟が起きた時には、宇市が大阪地裁の法廷に立ち、チキンラーメンは間違いなく安藤百福の発明だと証言してくれたのです。


百福は、麺にあらかじめチキンスープの味をつけておいて、お湯をかければすぐに食べられる即席のラーメンを作ろうと考えていました。ところが小麦粉にスープを練り込んで麺を打とうとすると、麺がつながらず、ぼそぼそと切れてしまうのです。失敗した麺くずが、毎日毎日、山のように積み上げられ、仁子はその処理に困りましたが、栄養があるというのでブタの飼料として売ることができました。

一番の問題は、長期保存できるように、麺をどうして乾燥させるかでした。

ある時、研究小屋から出てきた百福が台所に入っていくと、仁子が夕食の天ぷらを揚げていました。小麦粉の衣がついた野菜を油の中に入れると、ジューと音を立てて水分をはじき出しています。浮き上がってきた時には、衣の表面にはぽつぽつと無数の穴が開いていました。

「ひょっとして……」

百福の好奇心に火がつきました。

「天ぷらの原理を応用すればどうだろう」

百福は仁子をわきへ押しやって、麺を一本、二本と油の中に放り込みました。いったん沈んだ麺がパチパチとはじけては浮かび上がってくる様子を、飽きもせずに眺めていました。水と油は相いれない。そんな当たり前の物理的特徴に気が付いたのです。

まず、麺を油で揚げると、麺に含まれる水分がどんどんはじき出されます。ほぼ完全乾燥の状態になった麺は、半年たっても腐敗したり変質したりすることのない保存性を手に入れました。また水分の抜けた麺の表面には無数の穴が開いていて、熱湯を注ぐとそこからお湯が吸収され、三分以内に、もとの柔らかい麺に戻るのです。油で揚げることによって長期保存でき、しかも食べる時は簡単に調理できるという、二つの技術的課題を同時に解決してしまったのです。

偶然がすばらしい発見に結び付きました。これこそ、のちに麺の「瞬間油熱乾燥法」として特許登録され、インスタントラーメンを世界中に普及させていく基礎技術となったのです。

スープの味をチキンに決めたのにはちょっとしたエピソードがあります。当時、裏庭でニワトリを飼っていて、時々、料理しては食卓に上げていました。ある時、ぐったりとしていた、締めたはずのニワトリが突然、台所で暴れ出したのです。血が飛び散って、宏基の服にかかりました。宏基はショックを受け、それ以来、トリ肉はもちろん、大好きだったチキンライスまで口にしなくなりました。ところがある日、須磨がトリガラでとったスープでラーメンを作ると、宏基はトリと知らずに、おいしそうに食べたというのです。

そういうわけで、百福は即席麺のスープをチキン味に決めました。考えてみれば、世界中で食べられているコンソメスープのブイヨンは、古くからトリガラと野菜を煮詰めて作ります。「チキンは世界中の料理の基本となる味だ」と気が付いたのです。

のちに、海外生産に仕事を広げていった際、ヒンズー教徒は牛を食べない、イスラム教徒は豚を食べないという宗教的禁忌《きんき》の壁にぶつかりました。しかしチキンを食べない国は世界中どこにもありません。百福の選択は正しかったのです。

事業を始める時、金儲けをしようという気持ちはなかった。
何か世の中を明るくする仕事はないかと、それぱかり考えていた。

即席麺の発想にたどりつくには、48年間の人生が必要だった。
過去の出来事の一つ一つが、現在の仕事に、見えない糸でつながっている。

安藤百福の口ぐせ

第十章

魔法のラーメン

～家族総出で製品作り

チキンラーメンを開発した
池田市呉服町の自宅で

1958（昭和33）年の春になりました。

即席麺は少しずつ完成に近づいていました。百福や家族の心と同じように、玄関先の桜の花びらも、心なしか華やいで見えました。試作品を作るところまで来ていましたが、百福一人の手では追い付かず、家族総出の作業となりました。

冨巨代と規矩の姉妹も手伝いました。仁子の父の郷里二本松からも親戚の森軍造が来てくれました。森は素朴な青年で、信用組合で働いていましたが、倒産の後も帰らず、池田の安藤家の前に下宿していたのです。猫の手も借りたい忙しさでした。宏基は小学校四年生、明美は小学校三年生です。親の手伝いをできる年頃になっていました。

「おーい、手伝え」という声を聞くと、宏基と明美は喜び勇んで小屋に駆け込んだものでした。

長男の宏寿はもう成人していました。仁子は人一倍気を使い、「宏ちゃん、宏ちゃん」と呼んで可愛がりましたが、知人の家に長く滞在したり、一人で中国大陸に渡るなど、なかなか家に居つかない子どもでした。

百福は毎週一回、大阪梅田の阪急百貨店地下一階にあった「鳥芳」という店で親鶏のブツ切りを五キログラム買いました。当時五キロで千五百円くらいしました。その時に働いていた井元弘（後の鳥芳三代目）は普通の家庭で使う量ではないので、「いつも同じものを買われますね」とたずねました。すると百福は「ちょっと研究している」と答えました。

ある時、「トリの値段はどうして決めるのか」と百福に聞かれました。井元の説明を最後まで聞くと、「けれども、品物にはA級もB級もある。スープを取るにはB級だけでもC級だけでもあかんのや。いろいろ混ざってないと」と言われて驚きました。

「えらいスープに詳しい人やな」と。

そして最後に、「分かった、毎日の値段はおまえにまかせる。おまえが決めてくれ」と言われ、「うれしかったけど、責任重大やと感じました。安藤さんとのやり取りで商売のやり方を勉強させてもらいました。チキンラーメンの最初のスープは鳥芳のトリで作った。それが自慢です」というのです。

さて、スープ作りは仁子が担当しました。トリのぶつ切り、トリガラ、野菜に香辛料を加え、寸胴《ずんどう》鍋で五時間ほど炊き出します。トリの頭はきれいに洗います。百福はいつも、トサカを指さして、「ここからいいダシが取れるんだ」と言いました。仁子ら女性軍は大きな声で一緒に歌を歌いながら働きました。ご近所にはうるさかったでしょうが、もう誰もそんなことは気にしません。不思議な高揚感が家族を包んでいました。

蒸しあがった麺は熱いうちに手でもみほぐし、竹で作ったスノコの棚に並べて陰干しします。水やり用のジョウロで麺にスープをふりかけて味をつけた後、金網でできた四角い型枠に詰め、百六十度の油が入った中華鍋にゆっくりとつけます。

麺を油で揚げる仕事は男手が必要になり、仁子の姉濤子の長男一馬と、四男那津《なつ》満《み》が手伝いに来ました。

揚がった頃合いを見て引き上げると、麺は焼き菓子のように黄金色になっていて、香ばしいにおいが広がります。それを宏基が一個ずつ袋に入れました。明美はその袋を足踏みシーラーで閉じる役でしたが、シーラーの電熱部に触れてしょっちゅうやけどをしました。

実はこの頃、まだ国内で売れるめども立っていないのに、アメリカに輸出を始めていました。百福が親しかった貿易会社の知人に頼んで、サンプルをアメリカに送ってもらうと、すぐに五百ケースの注文が来たのです。国内向けの製品は三十食ずつ段ボールに詰めていきます。アメリカ向けは、その段ボール六ケースをまとめて、さらに大きい段ボールに詰めました。一ケースの段ボールと区別するためにこれを単に〝ボール〟と呼んでいました。

ふたたび宏基の出番です。「作業の中で一番楽しかった」というボールに「MADE　IN　JAPAN」「EXPORT」と刷り込む仕事に熱中しました。これは百福がボール紙に筆で書いた文字を切り抜いて型紙にし、宏基がその上から墨を塗って転写したのです。

百福は「食べ物には国境がない」と感じていました。

「将来、ひょっとして世界的な商品になるかもしれないぞ」

そんなかすかな予感にふるえたのでした。

百福は誰かにものを頼む時は、「チキンのスープを運んでくれ」などと、いつも「チキン、チキン」と叫んでいました。商品名がチキンラーメンになったのは自然の成り行きでした。

「油で揚げた後に出るヒゲ（麺のかけら）をがばっと手でつかみ、どんぶりに入れて、白ネギを振り、湯をかけて食べた。これがうまかった」

宏基は当時の味を、今も忘れることはできません。

のちに、日清食品の社長に就任した際には、

「私は門前の小僧。小さい時から親父の仕事を見てきたので、知らず知らず即席麺の知識が身についた」

と、百福のそばで開発を手伝った喜びを語りました。世の中は創業家の二代目には厳しい見方をするものですが、宏基には、「おれはただの二代目じゃないぞ」という強い気概があったのです。

「さあ、お湯をかけて二分で食べられます。チキンラーメンはいかがですか」

6月になると、梅田阪急百貨店地下食料品売り場で試食販売をしました。いまは、お湯をかけて三分ですが、最初は二分でした。

百福にとっては初陣です。小麦粉と食用油にまみれた作業着を脱いで、久しぶりにスーツに着替えました。

客の前でチキンラーメンの入ったどんぶりにお湯を注いでフタをします。でき上がったら取り分けて、刻みねぎをあしらって出すと、あっけに取られています。

「あら、ほんまのラーメンや」

「おいしいやないの」

客は口々にほめてくれ、持参した五百食はその日のうちになくなりました。

百福は客の反応をつぶさに見て、「これは売れる」という手ごたえを感じました。

そして、いつしか人々はチキンラーメンのことを「魔法のラーメン」と呼ぶようになったのです。

試食販売の評判は良かったのですが、正式に販売するには、生産量がまったく足りません。資金もそろそろ底をつきかけていました。

「ああ、今月はもう千円しか残ってないわ」

仁子が大きなため息をつくのを、宏基は覚えています。

「あの頃は貧乏で、毎晩、イワシの煮つけでしのいだ」ことも。

いつまでも家族の手作業に頼っていては商売になりません。大量生産する工場が必要になりました。百福は知人に頼み込んで百万円の借金をしました。そのお金で、大阪市東淀川区田川通り二丁目にあった古い倉庫を借りました。十三の近くです。仁子にとって、少女時代に一番苦しい生活を強いられた場所でした。

「またここへ戻ってきたのか」と内心は穏やかではありません。でももう三十年近くの月日がたっています。街並みもずいぶんきれいになりました。あの頃の追いつめられた生活と、新しい目標に向かって進んでいる今の状況とは比較になりません。

「いろいろな苦労を乗り越えてきたから、いまの私がある」

また、クジラのように呑み込んでしまいました。すると、将来への不安は消えて

第十章
魔法のラーメン～家族総出で製品作り

いきました。

　ある日、工場の仕事を手伝っていた仁子が帰宅途中、十三大橋を渡っていて友人に出会いました。仁子は出来たばかりのチキンラーメンが入った段ボールケースを下げていました。

「いまご主人は何をされているんですか」と聞かれました。

「ラーメン屋さんです」

「あら、ラーメンですか」とちょっと驚いた顔です。

　その頃、ラーメンというと引揚者や職を失った人が、仕方なくラーメン屋台を引くというイメージだったのです。

「主人は将来必ずビール会社のように大きくなると言っています。ラーメンにはビールと違って、税金がかかりませんからね」

　そう言って胸を張りましたが、分かってもらえない様子でした。

　当時、うどん玉が一個六円、乾麺が一袋二十五円でした。チキンラーメンは一食三十五円で発売されました。どの問屋さんも異口同音に「高い」と言いました。なかなか扱ってもらえなかったのです。

1958（昭和33）年の8月25日、大阪市中央卸売市場（大阪市福島区）で、チキンラーメンが初めて正規商品となり、店頭で売られました。扱い店は少しずつ増えていきました。

ある日、めったに鳴らない工場の電話が鳴りました。

「安藤さん、売れるがな。チキンラーメン、百ケースでも二百ケースでも持ってきて」

次から次と、問屋から注文が入ります。

「現金前払いでええから、できるだけぎょうさん回してくれ」

「なんならこっちからバタコでとりにいきましょか」

バタコとは、当時関西でよく売れていたダイハツの三輪トラック「ミゼット」のことです。

「チキンラーメンがほしい」というお客さんの声が小売店から問屋に届き、注文が殺到し始めたのです。

第十章
魔法のラーメン～家族総出で製品作り

十三田川工場のボイラーに火が入るのは毎日午前三時。深夜十一時過ぎまで作業が続きました。それでも、一日六千食作るのがやっとです。出口には問屋の車が並んで、製品が出てくるのを待っています。目の回る忙しさに変わりました。

「門前市をなす、とはこういうことなのか」

百福も初めての経験に驚きました。

発売から約四か月たった12月20日、成功を確信した百福は「日々清らかに豊かな味を作りたい」という願いを込めて、「日清食品株式会社」を創設したのです。

同じ頃、建設中だった高さ三百三十三メートルの東京タワーは完成まであと三日でした。

転んでは立ち上がり、立ち上がってはまた転ぶ。文字通り「七転び八起き」の人生に一区切りがつきました。

百福、四十八歳。

「ずいぶん遅い出発ですね」とよく言われました。

しかし、百福の答えはいつも同じでした。

「私が即席麺の発明にたどりつくには、やはり四十八年間の人生が必要だった」

日清食品を創業した百福は、チキンラーメンの開発を支えてくれた仁子を取締役に、須磨を監査役に登用して、二人の永年の献身的な苦労に報いました。

長男の宏寿は専務になりました。定職についたことで落ち着き、中西妙子と結婚して身を固めました。芳徳、光信の二人の男児をもうけました。百福にとって初孫と二番目の孫です。二人は小さい頃から仁子によくなつき、仁子も二人をたいそう可愛がりました。

百福はのちに、宏寿に社長の座を継がせましたが、二人の間に経営観の違いが生まれて、わずか二年で社長を退任しました。

宏寿は晩年、仁子への思いをこう語りました。

「仁子さんには感謝している。私にとても気を使ってくれたことへの深い恩義を感じている」

第十一章

鬼の仁子
～厳しい子育て

和歌山・白浜町の海岸で

チキンラーメンは爆発的に売れました。

時代は高度経済成長に入ったばかりです。池田隼人首相が「所得倍増計画」を打ち出し、働く女性が増えました。食生活も変わり始めていました。手間のかからないインスタント食品が求められたのです。

事業は順調でしたが、頭の痛い問題が起こりました。類似品がたくさん出てきたのです。しかも、同じチキンラーメンを名乗り、パッケージまでそっくりという商品まで現れました。

「父はよく、自分のことを『作り上手の守り下手』と表現していました」と、宏基が語っています。

人に頼まれると断れないという人の良さがあり、何度も痛い目にあいました。また、開発、発明に熱中して会社を起こすところまではいくが、育てる前につまずいてしまうことが多かったからです。

田川の工場を見せてほしいという人がたくさん来ました。

「私には企業秘密を守ろうという意識は全然なかった」という百福は、見たいという人には請われるままに工場を案内したのです。製造方法まで隠すことなく説明しました。これがあだとなりました。月給一万二千円で働いていた技術者が、十万円の給料プラス支度金付きで引き抜かれたのです。同じ製法でチキンラーメンを作る会社が十三社も出てきました。さらに、「チキンラーメンを食べて食中毒になった」という噂まで飛び交うようになりました。

ワキの甘いところがあった百福も、この時は違いました。いち早くチキンラーメンの商標登録とパッケージデザインの意匠登録をしました。その後、時間はかかりましたが「即席ラーメンの製造法」と「味付乾麺の製法」の特許を取得しました。まず自分の発明した商品の権利を守ったのです。一時、インスタントラーメンを作る会社が日本全国で三百六十社にも達しました。競争が激しくなっただけでなく、品質の悪い不良品が出回りました。特許に異議申し立てをする会社も出てきて、業界の混乱は続きました。こうした状況を見かねた食糧庁の長官から、「すみやかに業界の協調体制を確立するように」との勧告がありました。百福はその取りまとめに努力して、「日本ラーメン工業協会」（現在の日本即席食品工業協会）の設立にこぎつけ、初代会長に就任したのです。

その時、百福は大きな決断をしました。

「私が特許を独占すれば、日清食品は大きくなるかもしれない。しかし、しょせん野中の一本杉に過ぎない。業界全体で力を合わせて、大きな森として発展する方がよいのではないか」

製法特許の技術を公開したのです。希望する会社にはその使用を許可しました。使用許諾を受けた会社は六十一社に及びました。品質は安定し、消費者の信頼も高まりました。インスタントラーメンは戦後に生まれた新しい加工食品として、どんどん市場を広げていきました。百福の英断はインスタントラーメンが大きな産業として発展する礎となったのです。

ふたたび、落ち着いた生活が戻ってきました。

夏になると、家族はよく車で和歌山の白浜海岸に海水浴に行きました。明美はいつも車に酔ってうつむき加減、宏基は百福と魚釣りに夢中でした。仁子は沖に出て、泳げない百福にいつものように「はい、ここまで」と声をかけていました。

仁子は子どもの教育に熱心で、宏基と明美をともに厳しいキリスト教の幼稚園に通わせ、進学校だった大阪学芸大学附属池田小学校（当時）に入れるために木下塾にも通わせました。

日曜日の朝になると二人は、百福に連れられて愛犬のシェパードと一緒に、よく近くの五月山に散歩に行きました。二人の楽しみは散歩の後、池田駅前栄町商店街にあるいしだあゆみ（俳優、本名石田良子）の実家のお店に寄って、クリームソーダを飲むことでした。店は喫茶の他に洋装小物も売っていました。宏基はいしだと池田小学校の同級生で、何度か一緒にアイススケートに行った時のことを覚えています。いしだはいつもリンクの真ん中で、スイスイと踊りながら滑っていたそうです。

「私はへたくそだったので、いろいろ手をとって教えてもらった」と宏基は回想します。

いしだあゆみの姉の石田治子はフィギュアスケートの元オリンピック選手で、姉妹ともにスケートが上手だったのです。

ちなみに、２００３年９月から半年間放送されたＮＨＫの連続テレビ小説「てるてる家族」は、石田家の両親と四姉妹をモデルにした作品で、原作は四女の石田ゆりと結婚したなかにし礼の『てるてる坊主の照子さん』でした。ドラマの中で、上野樹里が演じた三女の秋子が、中村梅雀演じる安藤百福をモデルにした安西千吉のチキンラーメン開発を手伝う場面がありましたが、これは両家が同じ大阪府池田市で近所だったことからドラマに挿入されたフィクションだったのです。

仁子は自分が幼少時に苦労したこともあって、子どもたちの自立を願いました。特に男の子の宏基を厳しく育てました。

宏基は小学校時代に、悔しい思いをしました。

「おまえの親父はラーメン屋か」とからかわれたのです。

「ラーメン屋のなにが悪い」と答えてケンカになりました。

家に帰って、百福から「日本一のラーメン屋になるんだよ」と言われてやっと安心しました。負けず嫌いは父親ゆずりだったのです。

宏基はいたずらが過ぎて、しょっちゅう仁子を困らせました。

ある時、自分より年下の五、六歳の子を集めて、近くの五月山にイノシシ捕りに行きました。ナイフで竹を削り、弓矢を作りました。それを肩に担ぎ、隊長気どりで山に入りました。すると、がさがさと音がして、イノシシが本当に出てきたのです。山を転げ落ちて逃げました。「全員、おしっこを漏らした」（宏基）というほど、怖かったのです。仁子から「五月山のイノシシ捕りには二度と行くな」ときつく怒られました。

イノシシ捕りはやめましたが、いたずらは止まりません。

明美が天然パーマだったのをからかい、髪の毛にチューインガムをつけて取れなくしました。友達と相撲を取って骨折させました。花火をしていて向かいの家に火の粉が飛び、ボヤになりました。キリン草の茎をヤリにして投げ、友達の耳に刺さりました。池田市内を流れている猪名川は時々台風で氾濫しましたが、そんな時は、川岸の水たまりにいる魚を捕ってきて庭の池に放し、釣りをして遊びました。百福が金魚を買ってきて、同じ池に放しましたが、この時は、明美と一緒にこの金魚を釣って、わざわざ三枚におろして犬に食べさせてしまいました。

仁子は迷惑をかけたご近所には、そのつど謝って回りました。宏基には厳しいお仕置きが待っていました。普通のいたずらの場合は、両耳を引っ張られました。何度も引っ張られたのでしょう、「だから、私の耳は左右に出ている」と宏基は今でも冗談で言うほどです。

「ごめんなさい」と素直に謝らない時は、柱に縛りつけられました。真っ暗な納戸に閉じ込められました。暗がりで、黒い缶に入ったキツネとタヌキの襟巻を見せられ、目だけが光っていて、夢に見るほど怖かったのです。

「勉強しなさい」と言われると、「今勉強しようと思っていたのに、やる気がなくなった」と口答えをして、また怒られました。とうとう、「あの子はほうっておきましょう」ということになりました。すると、「急にやる気が出てきた」（宏基）というのです。相当な反抗的少年でした。

第十一章
鬼の仁子〜厳しい子育て

宏基にとって、

「怒った時の母は鬼だった」

というほど、怖い存在だったのです。

人生、いつもうまくいくとは限らない。もし、「ああ、ムダな歳月を過ごしてしまった。取り返しのつかないことをした」と思ったら、本当に取り返しのつかないことをしてしまったことになる。
私がコックか板前になっていたとしても、第一級の料理人になっていたに違いない。これだけは自信がある。

安藤百福の口ぐせ

第十二章

米国視察

～カップ麺のヒントつかむ

カップヌードルのフタは、
百福が飛行機内でもらったマカデミアナッツがヒントになった

「アメリカに視察に行ってくる」

１９６６年（昭和41）年になって、百福は突然、アメリカ行きを思い立ちました。

十三田川の工場で始めたインスタントラーメンの製造は需要に追いつかず、わずか二年後、高槻市に移転、日産十万食の工場を完成させました。さらにその四年後には、東京・大阪の証券取引所第二部に上場。百福の仕事は破竹の勢いで伸びていきました。

百福はもう、次のことを考えていました。

「日本国内はいずれ競争が激しくなって、必ず頭打ちの時が来る。そろそろ海外進出を考えないといけない」と思ったのです。

「インスタントラーメンを本格的に世界に広めるためのヒントを手に入れたい」と。

百福はチキンラーメン発売前にも、アメリカ市場に輸出していましたが、当時の売り先は、ロサンゼルスのアジア系移民を対象にした店舗に限られていたのです。

百福のやることにはいっさい口をはさんだことのない仁子ですが、この時は、

「すこし様子を見られたらどうですか」と反対しました。

その年は不思議に航空機事故が多く、2月、羽田空港沖墜落事故で百三十三人が死亡、3月、同じ羽田空港への着陸失敗で六十四人が死亡、その翌日、富士山上空で英国航空機が空中分解し百二十四人が死亡する事故が起きていました。

しかし、百福は聞き入れません。

「死ぬ時は座敷に座っていても死ぬものだ。それに、これ以上事故が続く確率は天文学的に低いはずだ」

そんな捨てぜりふを残して、アメリカに旅立ったのです。

百福は海外にインスタントラーメンをどう売り込むかで頭がいっぱいでした。

ロサンゼルスのスーパー、ホリデーマジック社のバイヤー達は、百福が差し出したチキンラーメンを見て、首をかしげて困っていました。麺を入れるどんぶりも、麺をつかむ箸も、アメリカにはなかったのです。そこで持ち出したのがコーラなどを飲むための紙コップでした。チキンラーメンを二つに割って紙コップに入れ、お湯を注いでフォークで食べ始めたのです。食べ終わった紙コップはポイとゴミ箱に投げ捨てました。目からうろこが落ちました。

「欧米人は箸とどんぶりでは食事をしないのか」

そんな当たり前のことに気が付いたのです。

市場調査を終えて、百福はカリフォルニアのディズニーランドに行きました。

そこで、アメリカの若者たちが歩きながら紙コップでコーラを飲み、ハンバーガーをほうばっている姿をじっと見ていました。

「日本でも、食べ物をこんな風に自由に楽しむ時代がきっと来る」

頭の中に、フォークで食べるカップ麺、すなわち「カップヌードル」のアイデアが生まれた瞬間でした。


海外視察に行く時は、よく娘の明美が同行しました。

百福は明美をたいへん可愛がっていて、高校生になってからも、手をつないで歩いていたので、一緒にいた友達から「まるでお友達みたいね」と笑われるほどでした。

第十二章
米国視察〜カップ麺のヒントつかむ

明美が十八歳、甲南女子大学の一年生の時に、アメリカに行った帰りの飛行機で、百福が思いがけない発見をしました。

百福はちょうど、カップヌードルのフタをどうするかで悩んでいました。通気性がなくて、ぴたっと密着する素材を探していました。客室乗務員がくれたおつまみのマカデミアナッツの容器を見て、はっと驚きました。直径四・五センチ、厚さ二センチほどのアルミ容器には、紙とアルミ箔を張り合わせたフタがぴったりと張りついていたのです。

「これは使える」

もう一つもらってポケットに入れ、研究のために持ち帰りました。

このフタには接着剤が使われておらず、百五十度を超える高熱をかけて押さえつけるだけで接着できる「熱蒸着」という技術が使われていました。当時、まだ日本にはこのような方法はありませんでしたが、さっそくカップヌードルに採用され、密閉度を高めて長期保存に役立ちました。

百福はいつも「ヒントは目の前にある」と言っていました。百福の子どものような好奇心がここでも役立ったのです。

　この時持ち帰ったマカデミアナッツの容器は、仁子が大切に保管していましたが、現在はカップヌードルミュージアム大阪池田に記念物として展示されています。

　最初の視察後、世界初のカップ麺の完成まで五年もかかりました。カップの大きさ、形状、素材を考えると、百福は夜も眠れません。枕元にサンプルを並べて、寝起きするたびに手に取って、縦、横、斜めから眺めていました。仁子だけでなく、宏基や明美らにも持たせてみて、一番持ちやすい形状を確かめるのでした。

　百福は「私は三人に聞けば分かる」が口ぐせでした。

　市場調査にお金をかけるのが嫌いで、何事も自分の目で確かめなければ納得できない性格だったのです。

　カップの形状が決まってからも、その中にどうやって麺をおさめるかに苦労していました。麺が大きいとカップに入りません。小さいと底に落ちて輸送中にこわれます。なんとかぴったりと安定させる方法はないか。

　ある晩、布団に横たわって考えていると、天井がぐるっと回りました。天地がひっくり返ったような感覚でした。その時にひらめきました。

「そうか、カップに麺を入れようとするからだめなんだ。麺を伏せておき、上からカップをかぶせればいいい」

逆転の発想でした。やってみると、麺はカップの中間にしっかりと固定され、びくとも動かなくなりました。これが「麺の中間保持」の技術として特許登録されたのです。

百福は六十一歳を迎えていました。普通の人なら定年生活に入ってもおかしくない年齢です。しかし。

「人生に遅過ぎるということはない。六十歳、七十歳からでも、新しい挑戦はできる」という言葉の通り、六十歳を過ぎても新しい開発に熱中し、チキンラーメンに続く第二の発明を成し遂げたのです。

1971（昭和46）年9月18日、東京新宿の伊勢丹百貨店でカップヌードルの発売を開始しました。一食百円です。

しかし、百福の意気込みに反して、評判は散々でした。

「屋外のレジャーには便利かもしれないが、しょせんキワモノ商品だ」「袋麺が二十五円で安売りされている時代に百円は高過ぎる」「立ったまま食べるとは日本人の良風美俗に反する」などと言われました。問屋からの注文はありません。

その年の11月、銀座三越前の歩行者天国で、試食販売をしました。長髪、ジーンズ、ミニスカート姿の若者たちは、最初は戸惑っていましたが、一人、二人と食べ始めると、たちまち、人だかりになりました。みんな、アメリカの若者と同じように立ったままで食べていました。その日だけで二万食が売れました。

「食は時代とともに変わる」

百福はそう確信したのです。

年が明けて、1972(昭和47)年2月、連合赤軍による浅間山荘事件が起きました。百福はテレビの中継を見ながら、あっと息をのみました。連合赤軍が立てこもる山荘を包囲していた警視庁の機動隊員が、雪の中でカップヌードルを食べているのです。機動隊員には近所の農家からおにぎりの炊き出しがありましたが、氷点下の気温のため、カチカチに凍って食べられません。そこで、温かいカップヌードルが用意されたのです。その頃、カップヌードルはまだ一般の店頭には並ばず、屋外で活動することの多い陸上自衛隊や警視庁など限られたところに納入されているだけでした。

需要が爆発したのは、チキンラーメンの時と同じ、一本の電話からでした。警視庁以外の県警や報道陣から、「すぐに送ってほしい」と連絡が入り、「あの食べ物はなんだ？」という一般からの問い合わせも殺到しました。社内は大騒ぎです。その日から、カップヌードルは火がついたように売れだしました。

浅間山荘事件の半年後、日清食品は東京、大阪、名古屋の各証券取引所第一部上場を果たしました。またカップヌードルはアメリカでも発売され、いよいよインスタントラーメンが「日本生まれの世界食」として広がる端緒となったのです。

私はラーメンを売っているのではない。お客様に時間を提供しているのである。
もし私が体に悪いものを売っていたのなら、土下座をして、すぐに会社をたたみます。
安藤百福の口ぐせ

第十三章

仁子の愛
～鬼から慈母へ

いつも気丈だった母・須磨、
正装に杖をついて

宏基に「鬼の仁子」と怖がられましたが、本人は後年、「子どもたちのことをもっとかまってあげたかった」と話していました。結婚してからずっと、百福のいつも前しか見ない人生に振り回され、多事多難だったのです。仁子の生活は百福の身の回りの世話で精いっぱいでした。その分、子どもたちに母親らしい接し方ができなかったことを悔いていました。

戦後、家事、育児を一手に引き受けたのは、実は須磨でした。

仁子は、「結婚後、母が一緒に来てくれてよかった。私を助けてくれた」と、須磨に対する感謝の思いを書き記しています。

須磨は1968(昭和43)年11月に亡くなりました。八十九歳でした。

家族全員でチキンラーメン開発を手伝った池田市呉服町の借家を出て、同じ池田市満寿美町の自宅に引っ越した翌年でした。百福はちょうど、カップヌードルの開発に忙しい時期で、研究所で作ったスープの味が気に入らず、満寿美町の自宅の台所で自ら調理して研究していました。また、肉と野菜をミンチ状に加工した「ダイスミンチ」（現在は通称「謎肉」と呼ばれています）も、当時、百福が自宅で工夫して作りあげたのです。須磨は、若い頃と変わらぬ百福の姿を見ながら、日清食品の成功と、仁子や孫たちの幸せを確信して、安らかな眠りについたのです。

いたずらっ子だった宏基は、成長するにつれて仁子の愛を強く感じるようになりました。こんなことがありました。

宏基は高校時代、ギターを弾き、ベンチャーズのコピーバンドを作っていました。ベンチャーズ・コンクールに出て第二位になるほどのめり込んでいました。慶應義塾大学の合格祝いに、三菱自動車のコルトを買ってもらいました。それで事故を起こしたのです。新車がうれしくて、気持ちが大きくなっていたのでしょう、前を走るトラックにヘッドランプを点滅させてパッシングしたのです。左に寄せてくれたので対向車線にハンドルを切ったとたん、正面衝突しました。相手の車は道路から横の田んぼに転落しました。三人ほど乗っているのが見えました。宏基の車は何回転かして、路上で止まりました。ドアから外に飛び出したギターを拾い上げた後、気を失いました。ハンドルが折れて胸に刺さっていましたが、命はとりとめました。

仁子がタクシーに乗って病院に駆けつけました。途中、タクシーが事故現場の横を通り過ぎた時、運転手が、「ひどい事故だったから、二、三人は死んでるね」と話しかけたのです。仁子は全身から血の気が引きました。

「息子の命が、無事でありますように」

仁子は病院に着くまで、祈り続けました。

祈りは通じました。

宏基は目の周りを傷つけましたが、奇跡的に無事でした。また、対向車に乗っていた人たちも全員無事と聞いて、ほっと胸をなでおろしたのでした。

後で分かったことですが、フロントガラスとダッシュボードの隙間に、仁子が安全祈願した木製のお守り札が、手でとれないほど深く食い込んでいたのです。ガラスが割れなかったのはお守りのお陰でした。もし、フロントガラスが割れていたら、命はなかっただろうと言われました。

またこんなことがありました。

慶應義塾大学に入学したばかりの十八歳の時、友達が渋谷の盲目の女性占い師マリー・オリギンをナンパして一緒にお茶を飲みました。本人は「目が悪くてぼやっとしか見えない」らしいのですが、宏基に対してこう言うのです。

「あなたはお母さんに一生守られています。つぶれた家を建て直すことになるでしょう。あなたのお母様は大きな慈悲を持っておられて、あなたは守られているのです」

「目が悪いのになぜそんなことが分かるのですか」と聞き返しました。

「あなたが豊かな声をしているので分かるのです」と答えたのです。

友達二人も見てもらうと、一人は「家業を継ぐでしょう」、もう一人は「ご養子になるでしょう」と言い、その通りになりました。ここまで当てる占い師は見たことがなく、宏基はそれ以来、仁子をお守りと信じ、あの事故で死ななかったのも仁子が守ってくれたお陰と信じるようになったのです。

大学を卒業するとすぐ、宏基はアメリカに留学しました。出発する時に、仁子はこう言って送り出しました。
「何があっても、命だけは持って帰ってきなさい」

仁子は日清食品の新しい工場ができた時や、家族の家が建つたびに安全祈願の観音様を祀りました。そして自ら入魂の儀に立ち会い、定期的なお祈りを欠かしませんでした。

宏基によると、「父は宗教を信じない自分教の人で、息子の私も無神論者だった。せっかくの母の思いはなかなか通じなかったが、いまに至って思えば、経営が順調で、工場事故も少なく、家族が健康なのは母・仁子の見えざる祈りの力があったと感じている」というのです。

「私は慈母に守られている」と。

とうとう鬼が慈母になったのです。

仁子は生前、百福と宏基が親子そろって信仰心がないので、「安藤家はもう終わり」と嘆いていました。ところが、孫の徳隆（宏基の長男）が二十歳になった時、

「成人のお祝いに何がほしい?」と聞くと、「毘沙門天《びしゃもんてん》の仏像がほしい」と言うので、たいそう喜びました。毘沙門天は仏教の四天王の一つで、勇ましい武神としてあがめられています。さっそく彫り師に仕上げてもらい、入魂をすませた仏像をプレゼントしたのです。以来、徳隆はこれを自分の守り本尊として大切にしているのです。

仁子はじっとしているのが嫌いでした。何かあるとすぐに動き、自ら立ち上がりました。

ある時、仁子のところへ神戸女学院の学長から「文化祭に来ませんか」という誘いがありました。「息子さんのご結婚相手にふさわしい学生がいるので、紹介したい」というのです。仁子はすぐに腰を上げました。あまり乗り気でない宏基を説得して、二人で会いに行くことにしました。すると、好奇心旺盛な百福がだまっているわけはありません。息子の嫁探しとなればなおさらです。「私も一緒に行く」と言い出して、結局三人で出かけることになりました。しかし、何かの手違いで、相手は現れません。

恐縮した学長は「今日はたくさん学生が来ています。せっかくだから、いい人を見つけてください」というのです。

「もう帰ろう」

百福は機嫌が悪くなりました。

三人が校門に向かって歩いていると、向こうから二人連れの女子学生がやって来ました。そのうちの一人、宇治金時をほおばりながら歩いてくる可愛い女性が、宏基の目にとまりました。仁子がさっと近寄り、声をかけて本人の名前を聞き出しました。怪しい者と間違われないように、百福の名刺を差し出しました。すると一緒に歩いていた友達が、「あら安藤さんですか」と声を上げたのです。偶然でした。二人は神戸女学院の文化祭に遊びに来ていた甲南女子大学の学生で、友達の方の姉がたまたま明美と同級生だったのです。おたがいに安心して話が進みました。

女性の名前は荒牧淑子《よしこ》です。英語が堪能で、テニスが上手なスポーツ・ウーマンでした。これが縁で１９７６（昭和51）年4月、宏基と結ばれました。

長男の徳隆と次男の清隆が生まれました。

仁子は、父親譲りのわがままな宏基には、しっかりした嫁が来てほしいと願っていました。さいわい、淑子はよい家庭で育てられた女性で、子どものしつけや教育にも厳しく、そんな嫁の姿を見て、これで二人の孫は礼儀正しい人間に育つだろうと安心したのです。

笑い話ですが……。

八十代も半ばになると、仁子は百福のいない昼間に、母親同士が集まって食事会を開くことが楽しみの一つでした。ある時、料理の上手な淑子に、「何か変わった料理を作って」と頼むと、淑子は腕を振るってラザーニアを作りました。すると、仁子がこっそり、「淑子さん、この料理、糸を引いているけどだいじょうぶ？」と聞くのです。「これ、チーズですから」と答えると、みな安心して、「おいしい。おいしい」と食べつくしたそうです。仁子はそれ以来、すっかりチーズ料理にはまってしまいました。

淑子が厳しい分、仁子は安心して孫を甘やかすことができました。小学校の運動会には孫の応援に東京まで足を運びました。

「徳も清も、一等賞。立派な体に育ってくれて、ほんとうにうれしい」

と、日記に書くほど大喜びです。

清隆が大きくなって、結婚の報告に来た時、仁子はこんな言葉を送りました。

「私の結婚式は戦争中で、食べるものが少なかったから、カエルを食べたわ。それでも幸せでした。何事も、どう感じるかが大切よ」

どんな悲しいことも、つらいことも、我慢して飲み込んでしまえば、人は幸せになれる、というのです。「クジラの仁子」の面目躍如です。


ときどき、仁子は明美に言いました。

「あなただけは、決して再婚の人と結婚しないでね」

自分も母の須磨も結婚相手は再婚で、いろいろ苦労しただけに、娘にだけはよけいな苦労をさせたくないという思いがあったのです。

明美は言われた通り、知り合いの紹介で初婚の男性とお見合いすることになりました。兄と一緒に電子部品メーカーを共同経営していた堀之内徹です。百福がアメリカへ出張する予定があったため、見合いの席は羽田空港でした。あわただしい見合いを終えて、百福はその夜の便でロサンゼルスに向かいました。翌日、アメリカへ着くなり電話がかかってきました。

「いいじゃないか」の一言でした。

堀之内は長身で、礼儀正しい好青年。百福も仁子もぞっこんで、明美もすぐに気に入り、交際が始まりました。ところがしばらくして、堀之内から自身の会社の経営状況の都合で「結婚は待ってほしい」という連絡が来たのです。そのまま五年が過ぎましたが、やはりご縁があったのでしょう、間に入っていた方から連絡があり、「やっと落ち着いたので、結婚を」という堀之内の意向が伝えられました。

明美の思いは五年の時を経てようやく通じたのです。

１９７６（昭和51）年6月、二人は晴れて結婚しました。兄宏基の結婚式のわずか二か月後でした。仁子は母親としてのつとめを相次いで果たしたことで、ほっと胸をなでおろしたのです。

「母は鷹揚な性格でしたが、少しそそっかしいところがありました」

明美はそう言って、忘れられない思い出を語りました。

明美は池田の学芸大附属中学校から、編入試験を受けて甲南女子高校に入りましたが、そのいきさつが、仁子のとんだ勘違いから始まったのです。

実は明美は、大阪府立北野高校を受験することになっていました。試験当日、どこを探しても受験票が見当たりません。明美はべそをかいています。仁子がまちがって、願書を違う学校に送ったらしいのです。送り先は、編入試験を受ける予定のあった神戸市東灘区の甲南女子高校でした。担任の先生が慌てて学校を走り回り、すったもんだした末に、北野高校には行けませんでしたが、甲南女子高校に無事入学できたのです。

明美はその後、甲南女子大学に進学します。

図らずも、それが宏基と淑子の出会いを後押しすることになりました。これも、そそっかしい仁子が取り結んだ、何かの縁だったのでしょうか。

第十四章

四国巡礼の旅

～百福最後の大失敗

「私は門前の小僧」宏基、
百福の事業を継承

カップヌードルが大ヒットし、日清食品はインスタントラーメンのトップメーカーとしてさらに成長を遂げました。仁子は会社が落ち着けば、百福との静かな生活がきっと手に入ると願っていましたが、なかなかそうはいきません。相変わらず百福は仕事一途で、新しい開発に熱中していたのです。

「カップライス」というコメのインスタント食品でした。

その頃、日本は豊作が続き、政府の倉庫には古米、古古米と呼ばれる余剰米が山と積まれていました。保管料が高いため、琵琶湖の底に沈めて保管してはどうかという企画がまじめに議論されていました。食糧庁長官から「コメの加工食品を考えてほしい。お湯をかけただけで食べられるようなものは開発できないか」と相談されました。チキンラーメンとカップヌードルの技術で、コメの問題を解決できるのなら、これに越したことはありません。

またしても「お国のためになるなら」と、ふるい立ったのです。

コメは日本農政のかなめです。百福の仕事に、まるで国家的プロジェクトのような期待が集まりました。1970年代の半ばには、コメの加工品と言えばレトルト米飯しかなく、その味も家庭で炊くお米とは大きな開きがありました。カップライスはお湯をかけただけで「エビピラフ」「ドライカレー」「チキンライス」など七つの味が楽しめるカップ入りの加工食品でした。新聞には「奇跡の食品」「米作農業の救世主」という見出しが躍りました。

百福は長い実業家の人生で、これほどほめそやされたことはありません。成功を確信しました。「ラーメンの仕事はほかの人にまかせて、これからは国のためにコメの仕事に専念してもいい」と考えるほど、完全に舞い上がってしまいました。すぐに、滋賀工場に製造設備を導入し、当時の日清食品の年間利益に相当する三十億円を投じたのです。

問屋や流通筋のうけもよく、商品は全国のお店に並びました。発売直後は爆発的に売れました。一か月たったある日、追加注文がピタッと止まったのです。百福はスーパーの売り場を見て回りました。陳列棚には一個二百円のカップライスがあふれるほど積まれていました。しかし、手に取る人はありません。一度はかごの中に入れた主婦が、しばらくすると戻ってきて、商品を棚に返したのです。

「どうして返されたのですか」と聞いてみました。

「高過ぎますわ。だってカップライス一個でラーメンが十食買えますから」

となりの棚で、ある会社が袋入りラーメンを五食百円で安売りしていたのです。

「よく考えると、ごはんは家でも炊けますからね」と、その主婦がつけ加えました。

百福は青くなりました。国のためという大義名分やマスコミの賞賛が、実は根も葉もないものと分かりました。消費者の支持のない商品が売れるはずはないのです。

社内の反対を押し切って撤退を決意しました。

「経営は進むより退く方が難しい。撤退の時を逃がしたら、あとは泥沼でもがくしかない」

そう述懐しています。

もし多くの意見を聞いて決断を先に延ばしていたら、本業の即席麺まで危うくしたかもしれないのです。三十億円を投じた新鋭の設備は廃棄されました。自らまいた種とはいえ、創業者にしかできない苦渋の決断でした。

百福、またしても、「作り上手の守り下手」を発揮してしまったのです。

「やはりラーメンを粗末にしてはいけない。もう一度原点に戻ろう」

そんな社内方針が出されました。

宏基はすでに日清食品に入社して働いていましたが、この時、「創業者のトップダウンが強過ぎるのはよくない」と考え、消費者の欲求にこたえることを最優先するためにマーケティング部の新設を提案し、初代の部長職を自ら買って出たのです。百福は自分の手で事業を築き上げてきた人です。マーケティング理論などという学問が嫌いでした。「商売は理屈じゃない」という主義だったのですが、この時はさすがにカップライス失敗のあとだけに、「おまえがそこまで言うならやってみろ」と了解してくれました。

宏基はカップライス撤退の翌年、「焼そばU.F.O.」「どん兵衛きつね」を立て続けに発売してヒットさせるという早業を見せました。ヒットさせただけでなく、その後、四十年以上も売れ続けるロングセラー商品に育て上げたのです。

百福は「うれしくもあり、悔しくもあり」という複雑な心境でした。

1985（昭和60）年、百福は七十五歳になりました。宏基に社長の座を譲り、自身は会長になりました。宏基は三十七歳。若くて元気いっぱいです。社長に就任するなり「打倒カップヌードル」という社内スローガンを掲げました。世界百二十か国・地域で売られているカップヌードルはすでにメガ・ブランドになっていました。そこで、「カップヌードルを超えるような商品を開発しよう」という高い目標を掲げました。社長就任のスピーチで勢いあまって「カップヌードルをぶっつぶせ！」と言ってしまったのです。

百福は怒りました。

「そんなことをさせるためにおまえを社長にしたんではない」

宏基の真意はなかなか理解してもらえず、二人の間にわだかまりが残りました。家に帰っても、議論、口論が絶えず、あげくの果てに、「おまえが社長をやめるか、おれが会長をやめるかどっちかだ」というところにまで話が行ってしまうのです。横でやり取りを聞いていた仁子は「もういい加減になさいな」と言ってあきれたように寝てしまうのでした。

宏基は自分の性格を「根は正直だが、あまり素直ではない」と言います。自分教の百福と素直でない宏基との関係で、いつもとばっちりを受けるのはくそ教の仁子でした。仁子の手帳とは別に、仁子が晩年に書きつづっていた日記帳（以下日記）があります。その中で、しきりに百福と宏基の口論を嘆いています。

「夜、主人が宏基の不出来なこと、わたしへの不満、二時間に及ぶ。一番の息子なのに、なぜあのようにクソカスに言うのか。わたしが甘えて育てたからだという。そんなに気に入らなければ、好きな人を社長にすれば。八月のわたしの誕生日はもうお祝いは結構。あの言葉のきついのは本当に悪い」（原文ママ）

家族だからといって、あまりにも言葉遣いが汚いことを怒っているのです。この話を聞いた明美が電話で百福をたしなめました。

すると、「明美の電話の後、主人あやまる」と日記に書きました。

家族を一回りして、ようやく話は落ち着くところに落ち着いたのです。

百福が宏基の考えを理解するまで、長い時間がかかりました。

仁子は「いったい静かな老後はいつ来るのだろう」と嘆いていました。

宏基は母の心を思いやって、もう意固地になるのはやめようと決め、百福の話をゆっくり聞くことにしました。「聞くことが私の仕事だ」と悟ったのです。すると、百福もやっと穏やかになりました。

ある時、宏基は百福から、「人間は突き詰めれば敬と愛しかない。おまえにはその敬愛の心がない」と言われました。この言葉が宏基の心に沁みついて離れなくなりました。

「おまえのことを愛しているから、厳しいことを言うんだよ」とも言われました。

なぜその時素直に、「ありがとうございます」と感謝の気持ちを伝えられなかったのか。百福が亡くなった後、たった一つ、悔いが残ったのです。

第十四章
四国巡礼の旅〜百福最後の大失敗

晩年、百福は目が悪くなりました。仁子は耳が遠くなりました。家族が二人の間に入って通訳することが増えてきました。せっかちの百福は機嫌が悪くなります。

「主人の機嫌が悪いのは、歳のせいと目の悪いせい。わたしは観音様の心で行こう。とらわれない。かたよらない。こだわらない」（日記）と、仁子は自分の心を静めるのでした。

3月21日は結婚記念日でした。仁子は毎年、この日のことをしっかりと覚えていましたが、日記には「相手はさっぱり思い出しもせず、ゴルフへ」とあきらめの体です。

「珍しく主人から外食をと言ってもらったが、中止。一人でおこわを買ってきて食べる。食べ過ぎて、夕食はダメ。いつになったらフランス料理、おめかしして行けるのか」という日もありました。

ところがある時、

「夕方、ゴルフから帰って、鯛とケーキ、しゃぶしゃぶの肉、ブタの三層肉、私へのお祝いとのこと。驚きました。実に出会ってから四十九年目、初めてでした」と大喜びの様子です。仁子は若い時から肉が大好きだったのです。

そして、「思い返しても多事多難、よくぞここまで来たものだ」と百福との生活を振り返るのでした。

仁子は小学生の時に天覧書道展に入選して以来、ずっと書道に打ち込みました。水嶋山耀《みずしまさんよう》（毎日書道展名誉会員、大阪教育大学名誉教授）を池田の自宅に招いて熱心に指導を受けました。百福は水嶋先生が来る日は相手にしてもらえず、機嫌が悪くなりました。

「これだけたびたび見えているのに、ちっとも挨拶に出てくれない」と仁子がグチを言うと、百福は「書道といったって模写しているだけじゃないか」と皮肉るのでした。

仁子は書道以外にも趣味が広く、編み物、お茶をたしなみ、木目込み人形を作りました。伝統工芸の鎌倉彫は相当な腕前に達し、桂の木を小刀で削り、朱色の漆を塗りこんだ銘々盆や合わせ鏡を完成させました。あんまり作品が多いので、明美は池田の自宅で「安藤仁子作品展」を開き、知り合いに公開したほどです。

晩年、仁子が大切にしていた仕事が二つありました。一つは、仁子の祈りの人生の集大成となる四国八十八ケ所めぐりを達成すること。もう一つは、日清食品の全工場に自身が祀った観音様にお参りすることでした。これをほとんど毎月、毎週欠かさず、日帰りの旅で続けました。

「十月二十六日、八時、四国巡礼へ出発。明石大橋を渡り、九番法輪寺、十番切幡寺、十四番常楽寺、十五番国分寺、十六番観音寺、十七番井戸寺と六か寺参詣。五時に帰宅」（日記）

百福の目の病気を気にして、目に効くお寺には必ず立ち寄ってお参りし、一生懸命に拝んでいたそうです。日清食品の全国にある工場の観音様にお参りする時も、いつも大阪からのとんぼ帰りで、「私は決して外泊はしません」と断言していました。

生涯、何があっても外でたたかう夫の帰りを玄関先で迎える「サムライの妻」だったのです。

終章

ひ孫と遊ぶ

～百福少年に帰る

仁子、米寿のお祝い

百福は九十一歳になって、宇宙食の開発を思い立ちました。

会社の人はみんな耳を疑いましたが、本気でした。

ちょうど宇宙では、アメリカ、ロシア、日本など十五か国が協力して宇宙ステーションを建設していました。長い冷戦で対立してきた国々が技術を結集し、力を合わせて夢のような宇宙開発にあたっていたのです。百福は感動しました。

「平和な二十一世紀になるために、私も何かできないか」と考えました。

「人間はどこにいても、どんな環境でも、食べなければならない。宇宙でも同じだ」と。

すぐに研究所に若い十人のスタッフが集められ、百福の夢を実現するため「DREAM10」というプロジェクト・チームが作られました。宇宙食ラーメンは「スペース・ラム」と命名されました。無重力空間でも飛び散らない麺やスープをどうやって作るか、困難な技術課題をひとつひとつ解決していきました。

四年後、NASAの宇宙飛行士・野口聡一が乗ったスペースシャトル・ディスカバリー号の打ち上げが成功しました。ラーメンが宇宙へ飛んだ瞬間です。野口が人類として初めて食べた宇宙食ラーメンは、野口の故郷・横浜のご当地ラーメン「横浜家系ラーメン」を再現した豚骨醬油味でした。その食事風景が映像に収められ、野口自身の手で百福の元に届けられました。チキンラーメン、カップヌードルに続くスペース・ラムの成功に、九十五歳の百福は少年のように感動したのです。

２００７年1月5日、百福は九十六歳の生涯を閉じました。

元旦を家族と過ごした後、２日には宏基ら会社の幹部とゴルフに興じました。4日、日清食品大阪本社の初出式で、三十分間、立ったままで年頭訓示を行いました。昼食には社員と一緒に小餅の入ったチキンラーメンを食べました。翌日、心筋梗塞で倒れたのです。

百福はずっと、「誰の世話にもならず、元気に生きて、元気に死にたい」と言っていました。その言葉どおり生涯現役、見事に理想の人生をまっとうしました。

告別式で、宏基はこう述べました。

「母にとって、父はずっと実業家で仕事一途の人間でした。いつか家庭人になってほしいと思っていたはずですが、残念ながらかないませんでした」

そして、自著『カップヌードルをぶっつぶせ！』のなかで、

「父は、男としてこれだけ波瀾万丈の人生を生きたのだから、さぞ悔いのない人生だったことだろう。気の毒なのは母である。こんな浮き沈みの激しい人生につき合わされてはいい加減に愛想が尽きるというものである。そこを一切表に出さず、いつも、まあいろいろありましたから、の一言で笑い飛ばし、最後まで連れ添った母は立派である」と称賛しました。

百福、最後の年賀状

謹賀新年。

昨年を振り返りますと、毎朝、目がさめるたびに、何かしら世の中に信じられないようなことが起こっていて、心が安まるひまのない一年でした。日本中に自然災害が吹き荒れ、子どもの虐待や責任ある立場の人の不祥事などが相次ぎました。生活格差に対する不満も広がり、目を覆いたくなるような心の荒廃が進んだ年のように思えます。わたくしはすべての大人の責任において、これから十年間、本気で子どもたちの教育に力を注げば、日本を再び美しい国にすることができると信じています。

どうか皆様におかれましては、今年こそ心おだやかで、幸せな一年であることをお祈り申し上げます。

平成十九年元旦

安藤百福

百福はこの年賀状を遺言のように書き残し、平成十九年一月五日に亡くなりました。

それから三年後。

２０１０年3月17日、仁子は、百福の後を追うように安らかに眠りにつきました。九十二歳。老衰でした。

明美はこんな風に回想します。

「母が泣いているところを見たことがありません。いま思えば、母には想像を絶するようなつらい思い出がいっぱいあったはずなのに、暗さや湿っぽさがまったくなかったのはなぜでしょうね。きっと、天性の明るさと、観音様のような広い心で何ごとも受け入れたのだと思います」

百福が亡くなった後、仁子の寂しさをいやしてくれたのはやはり家族でした。仁子の日記には、

「ひ孫が門から大きい声で『バァーバァー』と叫んでくれてどんなにかうれしい。有難う。いっしょに遊び元気な一日がすむ。南無観世音大菩薩様」

最後に、こんな一句が添えられていました。

孫うれし　ひ孫うれしと　親かすむ　　仁子

安藤仁子の年譜　1917～2010

1917（大正6）年……0歳

8月16日　大阪市北区富田町に生まれる。
父・重信　1870（明治3）年4月2日生
　福島県二本松神社宮司の次男
母・須磨　1879（明治12）年7月18日生
　鳥取藩士の娘

三人姉妹の三女。
長女・晃江《てるえ》　1908（明治41）年生　月日不明
次女・澪子《みおこ》　1910（明治43）年1月26日生
三女・仁子《まさこ》　1917（大正6）年8月16日生

1929（昭和4）年……12歳

3月　小学校卒業。

4月　金蘭会高等女学校入学。
親しい友達は桑島貞子、馬淵冨美子。仁子と三人仲良し娘。

1931（昭和6）年……14歳

父重信の事業が失敗。生活を支えるため大阪電話局で交換手の見習い職員となる。
1年間、高等女学校を休学。

1935（昭和10）年……18歳

金蘭会高等女学校卒業。
卒業名簿によると、住所は大阪市東淀川区中津南通4丁目14。
同年、両親とともに京都市伏見区醍醐に転居。
都ホテル（現・ウェスティン都ホテル京都）に就職。
正規の電話交換手として採用される。
10月17日　長姉・晃江逝去　27歳。

1941（昭和16）年……24歳

12月8日　太平洋戦争勃発。

1942（昭和17）年……25歳

7月27日　父・重信逝去　72歳。

1944（昭和19）年……27歳

京都・都ホテルのフロントで百福と出会う。

1945（昭和20）年……28歳

3月13日　第一次大阪大空襲。
百福の工場・事務所焼失。
3月21日　仁子、百福35歳と結婚、京都・都ホテルで挙式。
大阪府吹田市千里山に新居を構える。
戦局悪化により、百福、須磨とともに、兵庫県上郡に疎開。
8月15日　終戦。

1946（昭和21）年……29歳

疎開先の上郡から戻り、大阪府泉大津市に転居。

1947（昭和22）年……30歳

4月　百福、泉大津の旧造兵廠跡地で製塩事業開始。

4月1日　百福「中華交通技術専門学院」（名古屋市）設立。

10月7日　宏基誕生。

1948（昭和23）年……31歳

9月4日　百福、泉大津市汐見町に「中公総社」設立。

同時に「国民栄養科学研究所」を設立、栄養食品の開発に当たる。

12月　百福、脱税容疑でGHQに逮捕、巣鴨プリズンに収監。

財産没収となる。

1949（昭和24）年……32歳

仁子ら家族、大阪府池田市呉服町の借家に転居。

1月26日　明美誕生。

9月　百福、中公総社を「サンシー殖産」に商号変更、休眠状態を経て、1958（昭和33）年に日清食品として引き継がれる。

1950（昭和25）年……33歳

12月　百福、二年間に及んだ巣鴨収監から無罪釈放。

1951（昭和26）年……34歳

11月　百福、信用組合の理事長に就任。
仁子、「西国三十三観音霊場」の巡礼を開始。
以後、関西周辺の不動尊、薬師霊場、尼寺などをすべて巡る。

1957（昭和32）年……40歳

百福が理事長をしていた信用組合が倒産し、再び全財産没収、無一文に。
池田市呉服町の自宅でチキンラーメンの開発に着手。

1958（昭和33）年……41歳

百福48歳、仁子が天ぷらを揚げるのを見て「瞬間油熱乾燥法」を発見。
世界初の即席麺チキンラーメン完成。
家族総出で製造、出荷作業を手伝う。
8月　大阪市東淀川区田川通りに借りた倉庫を工場に改装し生産開始。

8月25日　大阪市中央卸売市場でチキンラーメン発売、一食三十五円。
12月20日　商号をサンシー殖産から日清食品に変更、本社を東区（現・中央区）に置く。
チキンラーメン、爆発的ヒット。

1966（昭和41）年……49歳

百福、初めて海外視察、カップヌードルのヒントを手に入れる。

1967（昭和42）年……50歳

アメリカ出張の帰り、飛行機の客室乗務員からもらったマカデミアナッツの容器を持ち帰り、仁子が大切に保管、そのアルミ蒸着したフタがのちにカップヌードル容器に採用される。
呉服町の借家を出て、池田市満寿美町に転居。

1968（昭和43）年……51歳

11月25日　母・須磨逝去　89歳。

1971（昭和46）年……54歳

9月18日　百福61歳、世界初のカップ麺「カップヌードル」の開発に成功、発売、一食百円。
値段が高いなどの理由であまり売れず。

1972（昭和47）年……55歳

2月19日　連合赤軍の浅間山荘事件起こる。
2月28日　カップヌードルを食べる機動隊員の映像がテレビで全国中継。これがきっかけになって、「火がついたように」売れ始める。
仁子、四国八十八ケ所巡礼の旅に出る。

1993（平成5）年……76歳

7月9日　次姉・澪子逝去　83歳。

2003（平成15）年……86歳

9月　NHK朝の連続テレビ小説「てるてる家族」で、インスタントラーメン発明の物語が放送、百福をモデルにした安西千吉役に扮した中村梅雀が熱演。

2005（平成17）年……88歳

7月26日　百福95歳、夢をかけて開発した宇宙食ラーメン「スペース・ラム」を乗せたスペースシャトル「ディスカバリー」の打ち上げ成功。野口聡一宇宙飛行士が宇宙ステーションで食す。

2007（平成19）年……90歳

1月5日　百福逝去　96歳。

戒名　清壽院仁譽百福楽邦居士

2月27日　日清食品社葬（京セラドーム大阪）。生前親交のあった中曽根康弘、小泉純一郎、福田康夫ら歴代総理をはじめ、計六千五百名が参列し、百福との別れを惜しんだ。

2010（平成22）年……92歳

3月17日　仁子逝去。

戒名　福壽院仁譽雅心和楽大姉

年譜作成＝筒井之隆

参考文献

『転んでもただでは起きるな！　定本・安藤百福』安藤百福発明記念館編（中公文庫）
『カップヌードルをぶっつぶせ！　創業者を激怒させた二代目社長のマーケティング流儀』安藤宏基著（中公文庫）
『安積艮斎――近代日本の源流』安藤智重著（歴春ふくしま文庫）
『最後の「日本人」――朝河貫一の生涯』阿部善雄著（岩波現代文庫）

取材協力
安藤宏基、堀之内明美、安藤徳隆、
東冨巨代、有元規矩、飯間貞子（旧姓桑島）

文
筒井之隆

写真提供
日清食品ホールディングス株式会社 広報部

本書は書き下ろしです。

チキンラーメンの女房《にょうぼう》
実録《じつろく》 安藤仁子《あんどうまさこ》

2018年 9 月25日　初版発行

編　者　安藤百福発明記念館《あんどうももふくはつめいきねんかん》

発行者　松 田 陽 三

発行所　中央公論新社

〒100-8152　東京都千代田区大手町1-7-1
電話　販売 03-5299-1730　編集 03-5299-1820
URL　http://www.chuko.co.jp/

ＤＴＰ　今井明子
印　刷　大日本印刷
製　本　大日本印刷

Published by CHUOKORON-SHINSHA, INC.
Printed in Japan　ISBN978-4-12-005125-8　C0095